Diesterwegs Neusprachliche Arbeitsmittel Englisch

W.-M. Kuntze, B. Müller,
H. Hölker

Lerntips Englisch

Ein Trainingsbuch
zum Wiederholen, Üben,
Selbstlernen

Verlag Moritz Diesterweg
Frankfurt am Main

Grafik:
Pia Kucera, Reutlingen

ISBN 3-425-04400-1
2. Auflage 1991

Satz und Druck: Oscar Brandstetter Druckerei GmbH & Co. KG, Wiesbaden
Bindearbeiten: Großbuchbinderei Adolf Hiort, Wiesbaden

Inhaltsverzeichnis

Vorwort

Mit der Zusammenstellung dieses Buches wollten wir den Versuch unternehmen, vom reinen Grammatikpaukbuch wegzukommen und viele Tips und Hinweise von Lehrern und Schülern zu allen Bereichen des Englischunterrichts einmal zusammenzufassen.
Wir haben uns sehr angestrengt, so klar und eindeutig zu formulieren, wie nur irgend möglich. Immer wieder haben uns Schüler dabei geholfen. Wir haben uns besonders auf die Gebiete konzentriert, von denen wir wissen, daß Schüler sehr häufig Schwierigkeiten damit haben – ein Blick ins Inhaltsverzeichnis wird Euch das bestätigen.
Wir würden uns sehr freuen, wenn Ihr uns einmal über die Verlagsanschrift schreibt, wie Ihr dieses Buch findet!
Den vielen Schülern, vor allem aber auch Bruni, Pia, Harald, Jutta, Ingrid, Sascha, Christoph, Oliver und Verena sei von ganzem Herzen für ihre Geduld und engagierte Mithilfe gedankt, eine Idee in die Tat umzusetzen.

Reutlingen, im Frühjahr 1986 — Wulf-Michael Kuntze, M. A.

Das ist das Team, das Dich durch das Buch begleitet:

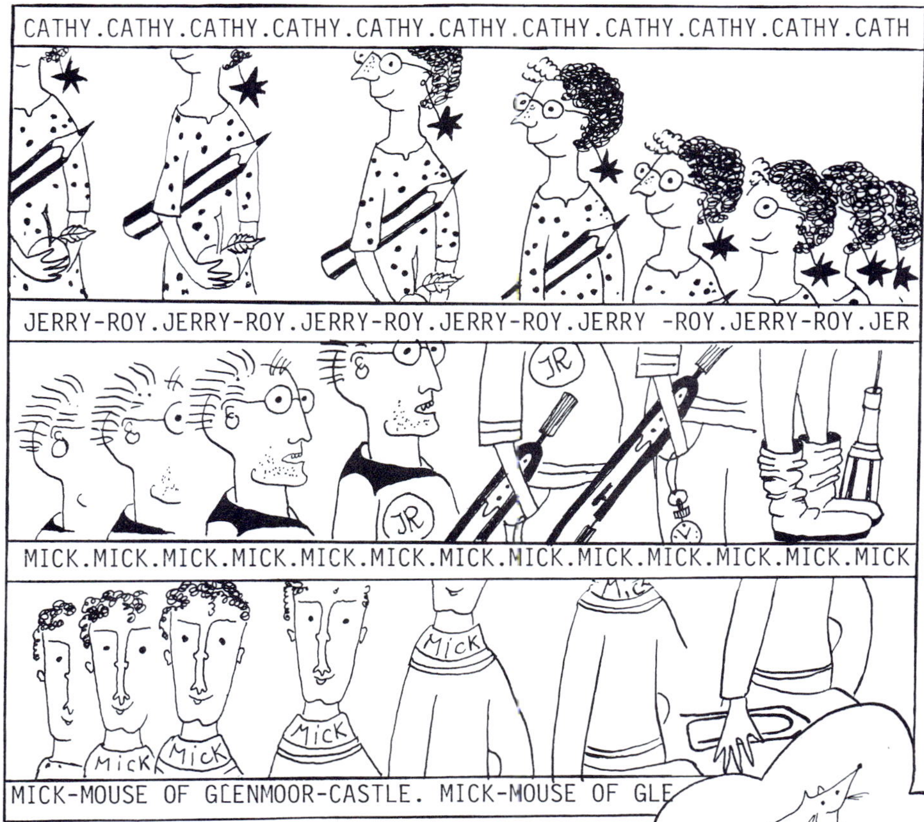

Das sind die Zeichen, die Dich durch das Buch begleiten:

1. Tips zur Benutzung dieses Buches

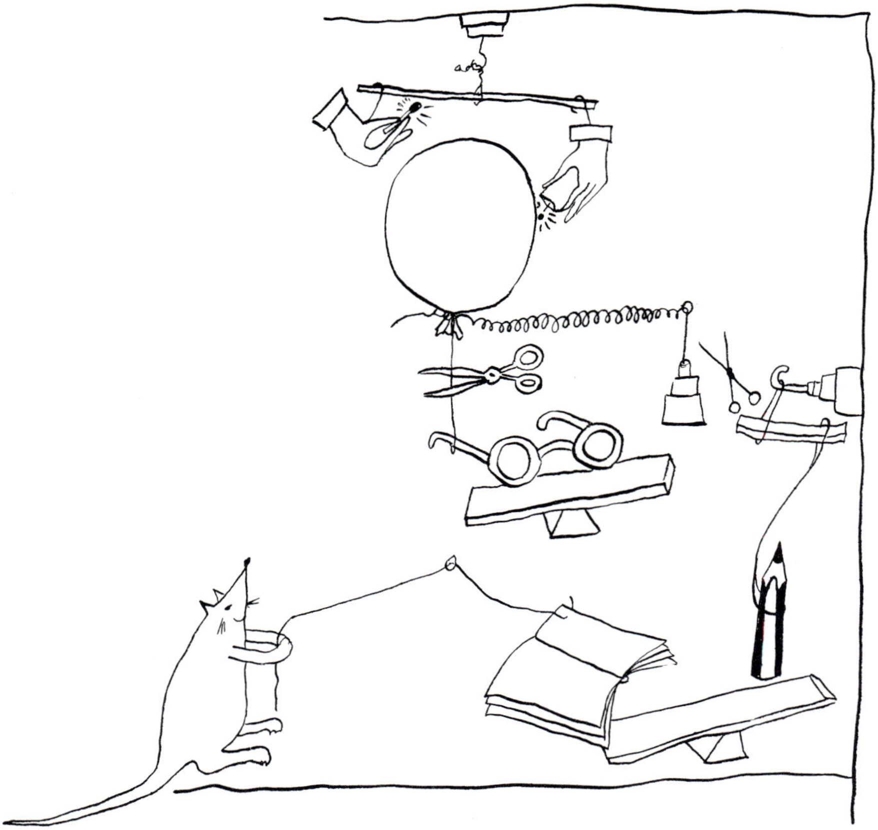

TIP 1 Tauchen bei Hausaufgaben, in Klassenarbeiten oder Tests Probleme auf, so schlag gezielt in diesem Buch nach. Dazu gibt es ein ausführliches Inhaltsverzeichnis (Seiten 3–5).

TIP 2 Hast Du das betreffende Kapitel gefunden, lies und arbeite es systematisch von vorne bis hinten durch.

TIP 3 Teile Deinen Lernstoff grundsätzlich in Teilportionen ein und mache zwischendurch längere Erholungspausen.

TIP 4 Leg Dich nicht selbst rein – schau erst in den Lösungen am Ende des Buches nach, wenn Du vorher selbst auf einem Blatt Lösungsversuche angestellt hast. Du trainierst ja **für Dich selbst** in Deinem „stillen Kämmerlein“ und keiner sieht Dir zu.

2. Tips zum Wörterlernen

Eine Fremdsprache besteht nun mal aus fremden Wörtern. Willst Du bessere Diktate und Übersetzungen schreiben und mehr Erfolg beim Erstellen eigener Texte haben, so ist die gründliche Vokabelkenntnis der wichtigste und erste Schritt dazu! Das kann jeder schaffen! Setze nachfolgende Tips gleich ab heute für Dich in die Tat um!

Paß im Unterricht genau auf und arbeite aktiv mit. Zwinge Dich zur Konzentration, auch wenn es Dir mal nicht danach ist. Auch ein scheinbar langweiliger Unterricht kann interessant werden, wenn man sich bemüht, selbst „dabei" zu sein.
Übernimm **alle** neu erscheinenden Wörter in ein Wörterheft (siehe Tip 10). Schreibe dort auch Wörter auf, die Du schon mal gelernt, inzwischen aber wieder vergessen hast.
Bei Unklarheiten (z. B. einer Wortbedeutung) **unbedingt sofort** beim Lehrer nachhaken! Kann er Dir nicht sofort antworten, frage in der Folgestunde erneut nach.

Lerne Deine Wörter ungestört zu Hause – möglichst immer am gleichen Arbeitsplatz. Mach Dein Radio aus, auch wenn es Dir schwerfällt! Teile Deine Wörter in Blöcke von etwa zehn ein. Lerne nicht mehr als etwa zwei solcher Blöcke am Tag. Nimm Dir einen Wörterblock mehrmals vor und erledige zwischendurch etwas anderes.
Warte mit dem Lernen nicht bis zum letzten Augenblick! Verteile die zu lernenden Wörter auf die zur Verfügung stehende Zeit.

Karin hat 40 neue Wörter bis in einer Woche zu lernen. Sie teilt diese Wörter in vier 10er Blöcke ein. Sie lernt täglich einen davon. Sie prägt sich den ersten Block zu Beginn des Nachmittags ein. Dann macht sie andere Hausaufgaben. Sie nimmt sich den gleichen Block erneut vor und überprüft ihr Wissen. Dann geht sie zu einer Freundin. Vor dem Abendessen und unmittelbar vor dem Einschlafen liest sich Karin die neuen Wörter erneut intensiv durch. Sie verfährt an den Folgetagen ebenso mit den anderen Wortblöcken. Täglich wiederholt sie die vorher gelernten Wörter.

Lies Dir ein neu zu lernendes Wort mehrmals laut selbst vor. (Dazu gehört natürlich, daß Du die **Lautschrift** gut beherrschst. Siehe dazu auch Tip 100.) Sieh Dir die Schreibweise genau an. Decke es ab und schreibe es auf ein Blatt. Überprüfe die Schreibweise. Verfahre ebenso mit den anderen Wörtern. Decke nun die ganze Spalte ab und überprüfe, wieviele Du noch fehlerfrei wiedergeben kannst. Kennzeichne besonders schwierige Wörter mit einem Kreuz und unterziehe sie einer „Sonderbehandlung". Schreibe sie mehrfach auf, bilde Sätze mit den Wörtern oder schreibe jeweils ein Wort auf ein größeres Stück Papier und bringe diese Zettel in Deinem Zimmer, dem Bad oder Klo – einfach überall dort in der Wohnung an, wo sie Deiner besonderen Aufmerksamkeit sicher sind.

Eine kleine Liste mit gerade zu lernenden Wörtern kann auch auf Deinem Schreibtisch liegen, so daß Dein Blick auch bei anderen Arbeiten immer wieder darauf fällt.
Lerne, indem Du die englischen Wörter zudeckst, auf ihre deutsche Bedeutung schaust und sie englisch aufschreibst und umgekehrt. Du mußt die **englischen Wörter** immer aufschreiben, damit Du Dir von Anfang an ihr Schriftbild einprägst. Das ist besonders wichtig!

TIP 8

Laß Dich neue und ältere Wörter immer wieder abfragen (Freund/Freundin, Eltern). Man sagt Dir die deutsche Entsprechung eines Wortes, Du sagst **und schreibst** das englische Wort. So kann Dich auch jemand abfragen, der **kein Englisch kann**. Du überprüfst Deine geschriebenen Wörter selbst. Übernimm falsch geschriebene in eine Fehlerkartei (siehe Tip 10). Laß Dich auch regelmäßig aus dieser Fehlerkartei abfragen.
Du kannst Dich mit einem Kassettenrecorder auch selbst abfragen. Sprich eine Reihe deutscher Wörter (ruhig auch mal durcheinander und nicht in der Reihenfolge des Buches oder der Kartei) auf Band. Spiel es Dir vor, sage die englische Bedeutung laut vor und **schreibe** sie auf.

TIP 9

Übe schwierige Wörter, die Du immer wieder falsch machst, im Satzzusammenhang. Erfinde immer wieder neue Sätze, in denen das zu lernende Wort auftaucht.

(to) experience – erleben, erfahren; fühlen, spüren
the experience – Erfahrung; Erlebnis

I experienced great pain when I was ill.
Ich spürte große Schmerzen, als ich krank war.

The country experienced economic problems during the oil crisis.
Das Land erlebte wirtschaftliche Probleme während der Ölkrise.

The experiences of a long life have made him tolerant.
Die Erfahrungen eines langen Lebens haben ihn tolerant gemacht.

From my own experience the Californians are extremely friendly.
Aus meiner eigenen Erfahrung sind die Kalifornier außerordentlich freundlich.

Dein Lehrer wird Dir sicher auch dabei gerne einmal helfen.

TIP 10

Zwei wichtige Hilfsmittel beim Wörterlernen sind das **Wörterheft** und die **Fehlerkartei.**

Das **Wörterheft** dient zur Aufnahme aller unbekannten neuen und alten Wörter, die Dir im Unterricht begegnen. Schreibe sie in einem Zwei- oder Dreispaltensystem auf, auch wenn der Lehrer Dich nicht dazu auffordert. Das liegt in Deinem eigenen Interesse! Zu Hause kannst

Du deutsche Bedeutungen im Wörterbuch nachschlagen und nachtragen, wenn Dir das im Unterricht nicht gelingt. Besonders empfehlenswert ist das Dreispaltensystem, weil Du nicht nur die englische und deutsche Wortbedeutung festhältst, sondern auch einen englischen Satz, in dem das Wort auftaucht. Natürlich kannst Du in dieser mittleren Spalte auch Wörter mit gleicher oder gegenteiliger Bedeutung u. ä. festhalten. Dazu eignen sich DIN A 4 Hefte besser als kleinere Formate.

(to) experience	He experienced the hot sun in Africa when he was young.	erleben, erfahren; fühlen, spüren
the experience	I don't want to have such an experience again.	Erlebnis, Erfahrung

Die Fehlerkartei ist ein besonders wichtiges Hilfsmittel im Englischunterricht. In verschiedenen Abteilungen bringst Du ganz persönliche Problemfälle aus dem Bereich Grammatik, Diktat, Übersetzung und Wörtererlernen unter. Verwende DIN A 7 Karteikarten, die Du im Schreibwarengeschäft erhältst. Den Karteikasten kann man dort auch kaufen oder man fertigt ihn selbst an.

Diktat, Übersetzung, Wörterlernen: Das Problemwort erscheint in der korrekten Schreibweise auf der Vorderseite. Auf der Rückseite steht die deutsche Übersetzung und ein Beispielsatz (auch mit Übersetzung, falls er schwieriger ist).

Grammatik: Ein Beispielsatz, in dem das zu übende Grammatikproblem auftaucht, erscheint fehlerfrei auf der Vorderseite. Auf der Rückseite erscheint die Regel und/oder weitere Beispielsätze.

Von Zeit zu Zeit übst Du nun aus dieser Fehlerkartei. Stellst Du fest, daß Du die eine oder andere Karte eigentlich nicht mehr brauchst, verschwindet sie hinter einer farbigen Kennkarte. Dort stehen dann also „ehemalige" Problemfälle. Übe nach einiger Zeit auch diese einmal wieder. Kannst Du sie immer noch, dann darfst Du die entsprechende Karte zerreißen und wegwerfen. Es ist für Dich sehr wichtig, daß etwa jeden Monat einmal ein Lehrer Deine Fehlerkartei auf etwa immer noch vorhandene Fehler durchforstet, damit Du Dir nichts Falsches einprägst.
Das Ganze gilt übrigens auch für schwierige Wörter im Deutschdiktat.

Vorderseite:	*Rückseite:*
the experience	Erfahrung, Erlebnis It was a great experience for me to meet Mr Anderson. Es war eine großartige Erfahrung für mich, Herrn Anderson zu treffen.

3. Tips zum Diktatschreiben

Viele Schüler haben beim Diktatschreiben besondere Schwierigkeiten. Das liegt vor allem daran, daß neue Wörter nicht gründlich genug gelernt werden. Beim Lernen eines neuen Wortes mußt Du Dir das **Schriftbild** unbedingt mit eingeprägen (siehe auch ‚Tips zum Wörterlernen‘, Seite 9). Wird Dir ein Text diktiert, überlege immer gleichzeitig mit, was das auf Deutsch heißt, was Du gerade schreibst.

TIP 11

Laß Dir von jemand, der Englisch kann (Freund/Freundin, Familienmitglied) **kurze** Texte diktieren. Das ist in der Schule auch in Vertretungsstunden oder Hohlstunden möglich. Ihr könnt Euch dabei abwechseln und die zweite Runde diktierst Du. Seid vor allem bei der Fehlersuche sorgfältig. Übernimm die falsch geschriebenen Wörter in eine Fehlerkartei (siehe Tip 14). Schreibe einen einmal diktierten Text nach einigen Tagen ein zweites und später auch noch ein drittes Mal. Beachte, was besser wird. Das stärkt Deine Selbstsicherheit!

TIP 12

Diktiere Dir selbst mit Hilfe eines Kassettenrekorders. Hier kannst Du die Geschwindigkeit des Diktierens gut selbst bestimmen. Es gibt auch im Buchhandel bespielte Kassetten, die zu Deinem Lehrbuch passen. An manchen Schulen kann man sich Texte im Sprachlabor überspielen. Vorsicht! Nur von Lehrern besprochene Kassetten dürfen ohne weiteres überspielt werden. Auf Verlagsproduktionen liegen Urheberrechte. Auf jeden Fall haben alle diese genannten Kassetten den großen Vorteil, daß ein fehlerfreies Englisch gesprochen wird. Natürlich kannst Du auch jemanden, von dem Du weißt, daß er gut Englisch spricht, bitten, Deine Kassetten mit einigen Texten zu besprechen.

TIP 13

Schreibe immer wieder einmal englische Texte ab. Tu das besonders sorgfältig und laß eventuell eine andere Person korrigieren. Lies Dir einen Satz oder einen Teilsatz durch, decke ihn ab und schreibe das Gelesene aus der Erinnerung auf.

TIP 14

Alle Wörter, die Du falsch schreibst, sollten in einer **Fehlerkartei** in der richtigen Schreibweise registriert werden. Dabei kannst Du das Wort alleine, im Satzzusammenhang und in der deutschen Bedeutung festhalten (siehe Beispiel). Von Zeit zu Zeit übst Du aus dieser Kartei. Siehe dazu auch ‚Tips zum Wörterlernen‘.

Vorderseite:	*Rückseite:*
their	This is their house. Das ist ihr Haus.
there	Big Ben is over there. Big Ben ist dort drüben.

Wo findest Du nun Texte, die Du zu Diktatschreibeübungen verwenden kannst? Alle bereits behandelten Texte Deines Englischlehrbuchs eignen sich sehr gut. Auch Lehrbücher aus früheren Klassen kannst Du als Quelle benutzen. In diesem Trainingsbuch findest Du auch einige Texte, die Du Dir diktieren (lassen) kannst. Du kannst auch Deinen Englischlehrer um weitere Texte bitten.

Vermeidbare Fehler, die trotzdem immer wieder gemacht werden:

1. Das englische Wort für Diktat ist 'di**c**tation' – beachte vor allem das 'c'!

2. Schreibe **Überschriften** grundsätzlich **durchgehend** mit großen Druckbuchstaben! Das ist auch in Prüfungen erlaubt. Du vermeidest damit automatisch Fehler in der Groß- und Kleinschreibung. Schreibe beispielsweise statt 'There's no Doubt about it' lieber 'THERE'S NO DOUBT ABOUT IT' (Nach der Überschrift folgt **kein** Punkt.)

3. Achte auf diktierte Absätze ('paragraphs') und **Satzzeichen** ! Jede Unaufmerksamkeit hier wird zumindest mit einem halben Fehler „bestraft“.

Die wichtigsten Satzzeichen sind:

Punkt	full stop
Komma	comma
Strichpunkt (;)	semicolon [ˌsemɪˈkəʊlən] (danach klein weiterschreiben)
Doppelpunkt	colon [ˈkəʊlən]
Anführungszeichen	quotation marks [kwəʊˈteɪʃnˈmɑːks], inverted commas
Bindestrich	hyphen [ˈhaɪfn] (z. B. in 'swimming- pool')
Gedankenstrich	dash [dæʃ]
Ausrufezeichen	exclamation mark [ˌekskləˈmeɪʃn ˈmɑːk]
Fragezeichen	question mark
Klammer	bracket [ˈbrækɪt]

4. Wörter, die sich gleich oder sehr ähnlich anhören:

allowed [ə'laʊd]	She allowed me to stay.	(sie) erlaubte
aloud [ə'laʊd]	Read the text aloud.	laut
bare [beɜ]	He slept on bare boards.	blank, bloß, nackt
(to) bear [beə]	We can't bear the noise.	ertragen
the bear [beə]	A bear is an animal.	Bär
the brake [breɪk]	The brakes stop the car.	Bremse
(to) break [breɪk]	Don't break the vase.	(zer-)brechen
(to) buy [baɪ]	I'll buy a new car.	kaufen
by [baɪ]	The picture was drawn by her.	von
good-bye [baɪ]	We must say good-bye.	auf Wiedersehen, Lebewohl
(to) cause [kɔːz]	I caused the accident.	verursachen
the course [kɔːs]	The ship changed course.	Kurs
because [bɪkɒz]	I went home because I was tired.	weil
of course [kɔːs]	Of course I don't smoke.	natürlich
the eye [aɪ]	Her eyes are grey.	Auge
I [aɪ]	I love you.	ich (wird im Englischen immer groß geschrieben)
fair [feə]	It's not fair.	anständig, fair
the fare [feə]	How much is the fare?	Fahrgeld
the food [fuːd]	Food is expensive.	Essen, Nahrung
the foot [fʊt]	They travelled on foot.	Fuß
for [fɔː]	The flowers are for you.	für
four [fɔː]	I can count up to four in Italian.	vier
before [bɪ'fɔː]	I can't do it before next week.	vor
(to) hear [hɪə]	He can hear you very well.	hören
here [hɪə]	Here are my friends.	hier
the hole [həʊl]	There was a hole in the wall.	Loch
whole [həʊl]	The baby cries the whole day.	ganz(e)
the hour ['aʊə]	I waited another hour.	Stunde
our ['aʊə]	How do you like our car?	unser
how [haʊ]	How do you do?	wie
who [huː]	Who is late for breakfast?	wer
knew [njuː]	She knew the song by heart.	(sie) wußte, kannte
new [njuː]	The car is new.	neu
(to) know [nəʊ]	Do you know the answer?	wissen, kennen
no [nəʊ]	No, I don't.	nein
now [naʊ]	He must leave now.	jetzt
the meat [miːt]	He doesn't eat meat.	Fleisch
(to) meet [miːt]	When can we meet again?	(sich) treffen

to walk [wɔːk]	It's nicer to walk home.	gehen
to work [wɜːk]	He works 16 hours a day.	arbeiten
to wear [weə]	She likes to wear rings.	tragen
where [weə]	Where is the post office?	wo
were [wɜː]	The children were on a trip.	waren
the weather [ˈweðə]	The weather was terrible.	Wetter
whether [ˈweðə]	Tell me whether you can come.	ob
which [wɪtʃ]	Which pen is yours?	welcher
the witch [wɪtʃ]	A witch can ride on a broom.	Hexe
the wood [wʊd]	This table is of solid wood.	Holz
would [wʊd]	If I were you, I would learn these words very well!	würde
one [wʌn]	One answer is correct.	eine
won [wʌn]	She won a teddy bear.	(sie) gewann
the pair [peə]	He's got a pair of cowboy boots.	Paar
the pear [peə]	This pear is sweet.	Birne
peace [piːs]	We must keep peace.	Friede
the piece [piːs]	Can I have a piece of cake?	Stück
the plane [pleɪn]	The pilot left his plane.	Flugzeug
the plan [plæn]	The plan is excellent.	Plan
quiet [kwaɪət]	The class is quiet today.	ruhig
quite [kwaɪt]	I don't quite understand.	ganz, völlig
the sail [seɪl]	The boat had huge sails.	Segel
the sale [seɪl]	The sale will bring $50.	Verkauf
the scene [siːn]	Faust appears in the 1st scene.	Szene, Auftritt
seen [siːn]	I have seen the film twice.	(habe) gesehen
the son [sʌn]	His son is eighteen.	Sohn
sun [sʌn]	The sun rises every morning.	Sonne
to steal [stiːl]	It is against the law to steal.	stehlen
the steel [stiːl]	Steel is a very hard metal.	Stahl
than [ðæn]	Her marks are better than mine.	als (immer bei einem Vergleich)
then [ðen]	Then I went home.	dann; damals
sad [sæd]	He looked sad.	traurig
said [sed]	She felt happy, she said.	sagte (sie)
their [ðeə]	The pupils liked their teacher.	ihren
there [ðeə]	I live over there.	dort
threw [θruː]	They threw snowballs.	(sie) warfen
through [θruː]	The ghost can walk through walls.	durch
too [tuː]	I read the book, too.	auch
	It was too good to stop eating.	zu

two [tuː]	I'll eat two sandwiches.	zwei
to [tu]	They are good to eat.	zu

5. Werden **Wörter, die auf ‚-y' enden,** verändert (z. B. in die 3. Person Einzahl des Simple Present oder ins Simple Past gesetzt), so lautet eine Faustregel, daß sich das ‚-y' in ‚-ie' oder ‚-i' verwandelt.

3. Person Einzahl des Simple Present:

(to) tr**y**	he tr**ies**	versuchen; er versucht
(to) repl**y**	he repl**ies**	erwidern; er erwidert
(to) hurr**y**	he hurr**ies**	sich beeilen, er beeilt sich

Simple Past:

(to) accompan**y**	she accompan**ied**	begleiten; sie begleitete
(to) carr**y**	she carr**ied**	tragen; sie trug
(to) stud**y**	she stud**ied**	studieren; sie studierte

Steigerung der Adjektive:

eas**y**	eas**ier**, eas**iest**	leicht, leichter, am leichtesten
happ**y**	happ**ier**, happ**iest**	glücklich, glücklicher, am glücklichsten
prett**y**	prett**ier**, prett**iest**	hübsch, hübscher, am hübschesten

Mehrzahlbildung bei Hauptwörtern:

cit**y**	cit**ies**	Stadt, Städte
hobb**y**	hobb**ies**	Hobby, Hobbys
part**y**	part**ies**	Party, Partei; Partys, Parteien

Grund- und Ordnungszahlen:

fort**y**	fort**ieth** [ˈfɔːtɪɪθ]	vierzig; der Vierzigste
sixt**y**	sixt**ieth** [ˈsɪkstɪɪθ]	sechzig; der Sechzigste
ninet**y**	ninet**ieth** [ˈnaɪntɪɪθ]	neunzig; der Neunzigste

y → ie

Adjektiv → Adverb:

angr**y**	angr**i**ly	ärgerlich; ärgerlich
luck**y**	luck**i**ly	glücklich; glücklicherweise
stead**y**	stead**i**ly	stetig, fest; stetig, fest

Veränderungen der Wortart:

(to) marr**y**	marr**i**age	heiraten; Heirat
beaut**y**	beaut**i**ful	Schönheit; schön
bus**y**	bus**i**ness	beschäftigt; Geschäft, Tätigkeit

y → i

Steht vor dem ‚-y' ein Vokal (a, e, i, o, u), so bleibt das ‚-y' meist unverändert:

(to) buy	he buys	kaufen; er kauft
(to) say	he says [sez]	sagen; er sagt
	(aber: he said)	(er sagte)
boy	boys	Junge; Jungen
day	days	Tag; Tage

Wird ‚-ing' an ein ‚-y' angehängt, verändert sich das ‚-y' nie (z. B. (to) buy – I'm **buying** a moped.)!

6. Die vier Wörter ‚all, full, till, well' schreibt man in Zusammensetzungen nur mit einem ‚l': awfu**l**, a**l**most, a**l**ready, unti**l**, we**l**come.

7. Du mußt **vier ‚-s'** Verwendungen **am Wortende** gut unterscheiden:

a. Mehrzahlformen (Plural):

car – car**s**, tree – tree**s**, tomato – tomat**oes**, knife – kni**ves**, half – hal**ves**

Wenn ein Hauptwort auf ‚-o' endet, wird diese Endung im Plural meistens zu ‚-oes'. Wenn ein Hauptwort auf ‚-fe' oder ‚f' endet, werden diese Endungen im Plural meistens zu ‚-ves'.

b. 3. Person Einzahl des Simple Present:

(to) sing – he sing**s**, (to) drink – it drink**s**, (to) go – she go**es**

c. Besitzanzeigendes ‚-s':

This is Dad**'s** car.	Frage: Wessen Auto ist das?	Papas Auto
These are Tim**'s** friends.	Wessen Freunde?	Tims Freunde
The girl**s'** shoes are new.	Wessen Schuhe?	die Schuhe der Mädchen (Mehrzahl)
The men**'s** coats are grey.	Wessen Mäntel?	die Mäntel der Männer (Mehrzahl)

d. Kurzformen:

he is = he**'s**	er ist
she is = she**'s**	sie ist
it is = it**'s**	es ist
it (the dog) has barked = it**'s** barked	er (der Hund) hat gebellt
who has/is...? = who**'s**	wer hat/ist ...?
he has gone = he**'s** gone	er ist gegangen
she has done = she**'s** done	sie hat getan

MERKE its (sein) – it's (= it is)
whose (wessen) – who's (= who is)

8. Namen aller Art werden im Englischen **groß** geschrieben! Auch Satzanfänge und das Personalpronomen 'I' (ich) werden groß geschrieben. Achte besonders auf Ländernamen und deren Ableitungen.

Germany	a German	a **G**erman car
England	an Englishman	an **E**nglish pop star
Italy	an Italian	an **I**talian pizza

TIP 16

9. Eselsbrücken können helfen, sich bestimmte Wörter leichter zu merken. Die angeführten Wortpaare werden immer wieder miteinander verwechselt. Nimm sie als Beispiele dafür, wie man sie sich in Verbindung mit anderen Wörtern leichter merken kann, wie man sich **Gedächtnisbrücken** selbst bauen kann:

a) quite – ziemlich
quie**t** – ruhig, leise (psss**t**!)

b) were – waren
where – wo? **(hier!)**

c) there – dort
the**ir** – **ihr, ihre**

4. Tips und Übungen zum Übersetzen

Wichtige Tips zum Übersetzen vom Englischen ins Deutsche:

Lies Dir den zu übersetzenden Text erst einmal ganz durch. Um was geht es in dem Text? Nimm Dir jetzt Satz für Satz vor. Lies den Satz ganz durch. Um was geht es und wie sage ich das in gutem Deutsch?
Suche Dir bei schwierigeren oder längeren Sätzen den jeweiligen Satzkern (S–V, siehe Seite 83) zuerst raus und unterstreiche ihn.

Two 16-year-old students from Nottingham have just returned from a year abroad bringing with them a variety of changed attitudes towards foreigners.

Wenn Du diesen Teil jetzt ins Deutsche überträgst, werden die von ihm abhängigen anderen Satzteile leichter übersetzbar.

Vermeide eine **Wort für Wort** Übersetzung ebenso wie eine **allzu freie**! Der Textsinn des Originals muß in der Übersetzung erhalten bleiben. Bleib so eng am Original wie möglich. Sei so „frei" in Deiner Übersetzung wie nötig (und nicht mehr).

akzeptable Übersetzung obigen Beispiels:

Zwei sechzehnjährige Schüler aus Nottingham sind gerade von einem Jahresaufenthalt im Ausland zurückgekehrt, von dem sie eine Menge geänderter Einstellungen Ausländern gegenüber mitbrachten.

zu freie Übersetzung:

Zwei Sechzehnjährige aus Nottingham kehrten von einem Jahr im Ausland zurück, wo sie ihre Einstellung Ausländern gegenüber geändert hatten.

Die englische Sprache unterscheidet sich bekanntlich in einer Reihe von Punkten von der deutschen. Einige davon solltest Du bei Schulübersetzungen besonders beachten:

1. Das Englische ist in manchen Fällen genauer als das Deutsche:

a. beim Wortschatz:

– He washes **his** hands.	Er wäscht sich **die** Hände.
– The men took **their hats** off.	Die Männer nahmen **den Hut** ab.

b. bei den Zeiten:

– Jenny usually **walks** to school, but she **is taking** the bus today.	Jenny **geht** meistens zu Fuß in die Schule, sie **nimmt** aber heute den Bus.
– They **visited** me yesterday.	Sie **besuchten** mich gestern./Sie **haben** mich gestern **besucht**.

2. Das Englische verkürzt seinen Satzbau viel häufiger als das Deutsche. Im Deutschen werden in der Übersetzung Relativsätze oder Nebensätze notwendig:

– She was **the last to go.**	Sie war **die Letzte, die ging.**
– The answer **to be given** ...	Die Antwort, **die gegeben werden muß** ...
– She's afraid **of making** mistakes.	Sie hat Angst, Fehler **zu machen**.
– They heard him **telling** lies.	Sie hörten, **wie** er Lügen **erzählte**.

TIP 20 Bei Übersetzungen ist der deutsche Text meist länger als der englische.

TIP 21 Stelle anhand Deiner zurückliegenden Übersetzungen von Zeit zu Zeit fest, welche Fehler Du am häufigsten machst und beseitige diese gezielt, indem Du sie in Deine Fehlerkartei einträgst. Siehe dazu die Tips 10 und 14.

TIP 22 Im Kapitel ‚Büchertips' findest Du einen Hinweis auf ein spezielles Übersetzungstrainingsbuch (Seite 100). Weitere Tips stecken auch in den nachfolgenden Fehlerbereichen.

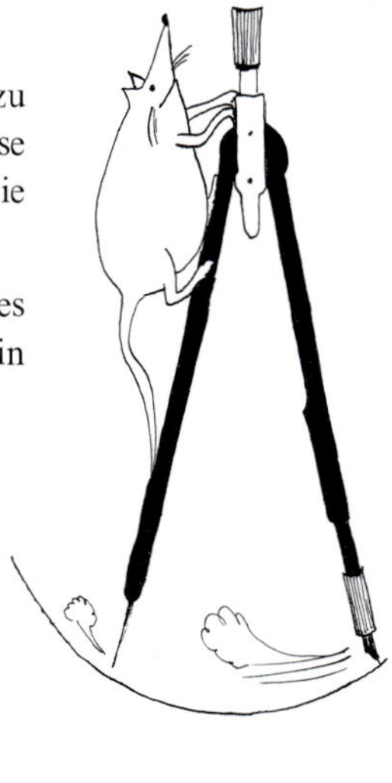

Fehlerbereiche

Zunächst werden Dir sieben Fehlerbereiche vorgestellt, die in Schulübersetzungen immer wieder gehäuft auftreten. Dazu sind Übersetzungen ins Deutsche mit angegeben, die jedoch die eigentliche Übersetzungsschwierigkeit aussparen. Ebenso geschieht es nachfolgend mit einem zusammenhängenden Text.
Schreib Deine Lösungsvorschläge auf ein getrenntes Blatt. Die Lösungen stehen ab Seite 110.

Fehlerbereich 1: Wortschatzlücken

Fehler im Bereich unbekannter Wörter sind nur durch konsequentes Wörterlernen vermeidbar. Siehe dazu das Kapitel ‚Tips zum Wörterlernen' (Seite 9). Verwende ein Wörterbuch, wenn es erlaubt ist. Das kostet zwar etwas mehr Zeit, ist aber besser als fehlerhafte bzw. allzu freie Übertragung. Ein Dir unbekanntes Wort läßt sich aus dem Satzzusammenhang oftmals „erraten". Wörter, die Du nicht übersetzen kannst, laß weg. Fehler, die Du in diesem Bereich machst, landen automatisch in Deiner Fehlerkartei.

Fehlerbereich 2: Tätigkeitswort und Verhältniswort (Verb und Präposition)

1. Peter looked for his money.	Peter ... sein Geld.
2. She looked after the baby.	Sie ... das Baby.
3. I have to give in.	Ich muß ... .
4. I wish he would give up smoking.	Ich wünsche, er würde mit dem Rauchen ... .
5. Go on playing, please.	... bitte ... .
6. Something is going on here.	Etwas ... hier ... .

Fehlerbereich 3: Die Zeiten

1. I am going on holiday tomorrow.	Ich ... morgen in Urlaub.
2. Our teacher has been ill for three weeks.	Unser Lehrer ... drei Wochen krank.
3. I was watching TV when the phone rang.	Ich ... fern, als das Telefon ... .
4. I have never been to Greece.	Ich ... in Griechenland.
5. I would have come if I had had enough time.	Ich ..., wenn ich genug Zeit ... .
6. I thought I would be able to come back sooner.	Ich dachte, ich ... früher ... .

Fehlerbereich 4: Auflösen durch Relativsätze

(Relativsatz: Die Zeit, die dafür noch bleibt, ist knapp.)

1. The woman sitting* over there is my aunt.	Die Frau, ..., ist meine Tante.
2. The children running along the beach were Austrians.	Die Kinder, ..., waren Österreicher.
3. This is the book written by my uncle.	Das ist das Buch, ...
4. The cars built in Germany are very important for its economy.	Die Wagen, ..., sind für die Wirtschaft sehr wichtig.
5. The winners mentioned in the newspaper are very happy.	Die Gewinner, ..., sind sehr glücklich.
6. The car parked in front of the bank belongs to Mr Smith.	Der Wagen, ..., gehört Herrn Smith.

* 'who/which/that' können im Englischen weggelassen werden. Man kann aber auch 'The woman who is sitting ...' oder 'The cars which/that are built ...' sagen.

Fehlerbereich 5: Das Passiv

1. English is spoken in New Zealand.	Englisch ... in Neuseeland ... .
2. Everything is being done to make the streets safe at night.	... alles ..., um die Straßen bei Nacht sicher zu machen.
3. The new town was built in less than 5 years.	Die neue Stadt ... in weniger als 5 Jahren ... .
4. The escaped prisoner has been seen in the Leeds area.	Der entflohene Gefangene ... in der Gegend von Leeds ... .
5. The meeting will be held in room 12.	Die Besprechung ... im Raum 12 ... .

Fehlerbereich 6: Die ‚-ing' Formen

1. After listening to his new record, Alan did his homework.	... Alan seine neue Platte ..., machte er seine Hausaufgaben.
2. Before phoning Harry, Tom finished his letter to his American pen-friend.	... er Harry ..., beendete Tom seinen Brief an seinen amerikanischen Brieffreund.
3. Do you enjoy swimming?	...
4. Grandma's favourite hobby is stamp-collecting.	Omas Lieblingsbeschäftigung ist ... .
5. The weather being cold, we decided to stay at home.	... das Wetter ..., entschlossen wir uns, zu Hause zu bleiben.
6. He came running into the room.	Er ... ins Zimmer ... .
7. He played in many football matches, his team winning most of them.	Er spielte in vielen Fußballspielen, und seine Mannschaft ... die meisten davon.
8. The idea of spending the holidays in England was accepted.	..., die Ferien in England ..., wurde angenommen.

Fehlerbereich 7: Die Grundform des Verbs (Infinitiv) mit oder ohne ‚to'

1. I don't know what to do.	Ich weiß nicht, ...
2. We dont't know whether to accept.	Wir wissen nicht, ...
3. I asked him not to smoke.	Ich . . . ihn . . . .
4. She made me sing a song.	Sie . . . mich, ein Lied . . . .
5. He let us go at 11.30.	Er . . . uns um 11.30 . . . .
6. They told us to come home early.	Sie . . . früh nach Hause . . . .

WOULD YOU BELIEVE IT?

An Italian and a Frenchman were discussing the rapid change of weather in their countries. The Italian said it was quite frequent even in summer to leave home in light clothes in the morning and be glad of a thick cardigan in the evening.
The Frenchman replied, "That's nothing. Two friends of mine had an argument in the middle of winter. The snow lay about thirty centimetres deep. One of them finally made a snowball and threw it at the other. The distance between them wasn't more than five metres. The weather, however, changed so rapidly and it became so hot, that the man wasn't hit by a snowball, but scalded with boiling water."

Ein Italiener und ein Franzose . . . ,
. . . in ihren Ländern . . . .
Der Italiener . . . , daß es . . . ziemlich häufig vorkäme,
daß man am Morgen von zuhause in . . .
und am Abend . . . , eine dicke . . . zu haben.
Der Franzose . . . : „. . . . Zwei . . .

stritten sich (einmal) mitten im Winter.
Der Schnee . . . . Einer von ihnen
. . . einen Schneeball und . . . ihn . . . .
Die Entfernung zwischen beiden . . . .
Das Wetter . . . und . . . ,

daß der Mann nicht
von einem Schneeball . . . , sondern . . . ."

Übersetze den englischen Text, indem Du auf einem gesonderten Blatt den deutschen Text abschreibst und versuchst, die Lücken zu schließen. Den vollständigen deutschen Text findest Du in den Lösungen auf Seite 111.
Als zusätzliche Übersetzungsübungen stehen Dir folgende Texte zur Verfügung:

Seite 24: SMOKING – A DANGEROUS HABIT

Seite 27: ACID RAIN – A WORLDWIDE PROBLEM

Seite 28: RUNAWAYS – A CRY FOR HELP

Den letztgenannten Text findest Du vollständig übersetzt auch in den Lösungen.

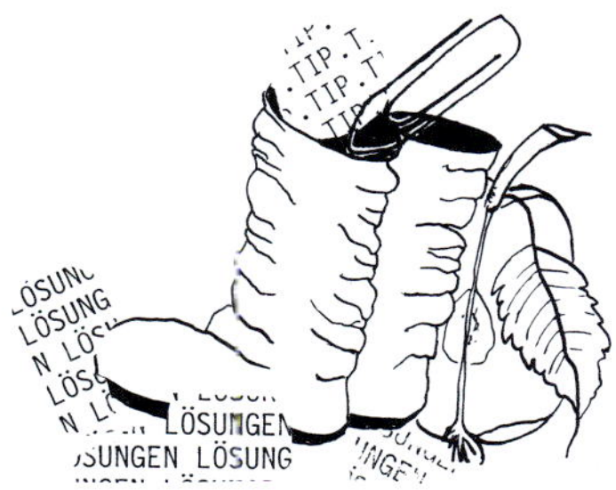

5. Tips und Übungen zu der Arbeit mit Texten

Das folgende Kapitel soll Dir Hilfestellung bieten, erfolgreich Aufgaben zu erledigen, die Dir im Zusammenhang mit Texten gestellt werden. Dies geschieht in zwei Arbeitsschritten, die Du nacheinander durcharbeiten solltest. Nach jedem Schritt folgen Tips und Beispiele. Übungen sollen Dir dann die Anwendung der Tips erleichtern.

Schritt 1: Verstehen, worum es in einem Text geht

Im ersten Schritt mußt Du immer versuchen zu verstehen, worum es in dem vorliegenden Text überhaupt geht. Es ist Dir sicherlich auch klar, daß dies vor allem anderen kommen muß. Du kannst auf textbezogene Aufgaben ja erst richtig antworten, wenn Du Dir über den Textinhalt im klaren bist. Jedem Tip zu diesem Bereich folgt ein Beispiel. Jedes Beispiel ist auf den Text SMOKING – A DANGEROUS HABIT bezogen. Dir wird auf diese Weise veranschaulicht, wie der jeweilige Tip angewandt werden soll.

SMOKING – A DANGEROUS HABIT

For many years now cigarette packets in Germany have been marked with a Government health warning. This is the first time that the Government has taken action against the tobacco industry. In many countries there are campaigns against smoking and many scientists all over the world have been trying to deal with the problem.

Since most people say that smoking is a matter for the individual it is almost impossible for a Government to forbid it. Many people say that no one is allowed to take away their right to do whatever they want.

But why does smoking have such an attraction?

Many people start to smoke because they want to be like older people – their parents, their teachers, their heroes. They want to impress their friends and show that they are 'with it'. Advertisements show pictures of rich, healthy, young and attractive people. They never show pictures of men and women with grey faces lying in hospital.

Smokers say that smoking helps them to relax, to concentrate better and that it makes them feel free. Many say that non-smokers also get cancer and other diseases of the lung, e. g.

bronchitis as well as heart disease. And they say that non-smokers spend more money on cakes, biscuits and sweets and thereby become fat. Why should people not smoke?
There are many arguments against smoking. Scientists are sure that smoking is the cause of many diseases. There are reports that non-smokers live, on an average, longer than smokers. Smoking is a very expensive habit. The smoke from cigarettes, pipes and cigars makes furniture and clothes smell. Your fingers and your teeth turn brown and you can develop a smoker's cough. If we want to save lives the campaign against smoking must go on. Governments should spend more money on informing people about the dangers of smoking. Smoking should be forbidden in public places such as theatres, cinemas, restaurants, offices, etc. and many advertisements should be forbidden, too.
It is an important task for schools to encourage boys and girls not to smoke. We should all take part in the campaign against smoking!

Tips und Beispiele zu Schritt 1:

Lies den Text konzentriert ganz durch. Sollte er zu lang sein, so nimm Dir den Text Abschnitt für Abschnitt vor. TIP 23

Lies Zeile 2 bis Zeile 5
Lies Zeile 6 bis Zeile 8
Lies Zeile 9 bis Zeile 13
Lies Zeile 14 bis Zeile 17
Lies Zeile 18 bis Zeile 23
Lies Zeile 24 bis Zeile 27

Lies den Text nochmals durch und unterstreiche Dir die unbekannten Wörter und Redewendungen. Schreib sie Dir sofort danach in Dein Wörterheft auf. In einer Prüfung verwende ein Beiblatt. Versuche, diese Dir unbekannten Wörter und Redewendungen aus dem Sinnzusammenhang zu erschließen. (Ist ein Wörterbuch erlaubt, so schlage dort nach.) Darfst Du kein Wörterbuch verwenden, so halte die von Dir vermutete Bedeutung der Wörter und Redewendungen auf Deinem Beiblatt fest. TIP 24

Bei Dir könnten die folgenden Wörter und Redewendungen unterstrichen sein:

Zeile

2 marked (bezeichnet, beschriftet)
3 health (Gesundheit)
5 scientist (Wissenschaftler/in)
5 (to) deal with (sich befassen mit)
6 a matter for the individual (eine Sache des Einzelnen)
9 attraction (Reiz, Anziehungskraft)
11 (to) impress (beeindrucken)
14 (to) relax (sich entspannen)
15 diseases (Krankheiten)
15 cancer (Krebs)

19 on an average (durchschnittlich)
20 expensive (teuer)
22 smoker's cough (Raucherhusten)
22 campaign (Feldzug)
26 (to) encourage (ermutigen)

Unterstreiche auch Wörter und Redewendungen, deren Bedeutung Du zwar zu kennen glaubst, die Du aber nicht mit Sicherheit bestimmen kannst.
Findest Du keine passende Bedeutung für ein Wort oder eine Redewendung, so nimm den vorhergehenden und den nachfolgenden Satz zu Hilfe. Sie werden Dir vielleicht helfen, den Sinn zu erschließen. Auch in anderen Sätzen im Text kann das Wort oder die Redewendung vorkommen und eventuell dort einfacher zu bestimmen sein (Zeile 5 und Zeile 18 = scientists).

TIP 25

Oftmals kann es Dir helfen, wenn Du prüfst, ob es im Deutschen nicht ein Wort gibt, das dem englischen Wort ähnlich ist, dessen Übersetzung Du suchst, also **Eselsbrücken**:

duck → Donald Duck = Ente
noun → Nomen = Hauptwort
(to) push → puschen = schieben
laboratory → Laboratorium/Labor

TIP 26

Numeriere thematische **Schwerpunkte** im Text durch.

Thematische Schwerpunkte	Zeilen
1. Aktion gegen das Rauchen	1–5 und 22–27
2. Warum gibt es kein Verbot für Rauchwaren?	6–8
3. Gründe für die Attraktivität des Rauchens	10–15

Verfahre nun in gleicher Weise mit den übrigen, noch im Text aufzufindenden Schwerpunkten.

TIP 27

Notiere zu den numerierten Schwerpunkten Stichworte oder ganze Ausdrücke, die Dir, ohne lange zu überlegen, einfallen. Einige sind Dir sicher noch aus dem Text im Gedächtnis geblieben. Numeriere die Einzelargumente durch, die den festgestellten Schwerpunkten zuzuordnen sind und schreibe sie Dir untereinander in Dein Arbeitsheft.

Schwerpunkt = körperliche Schäden

Aus dem Text:	Eigene Überlegungen:
1. lung cancer	6. sore throat
2. smoker's cough	7. headache
3. bronchitis	8. heart attack
4. heart disease	.
5. fingers and teeth turn brown	. .

Um ganz sicher zu gehen, daß Du den Text genau verstanden hast, ist es sinnvoll, daß Du Dich mit Deinem Banknachbarn besprichst, wenn es Dir erlaubt ist. Ihr könnt Euch gegenseitig selbst formulierte Fragen stellen und Antworten darauf geben. Übernehmt bei den Antworten ruhig ganze Teile aus dem Text. Benutzt als Hilfestellung die Fragewörter 'who', 'what', 'where', 'which', 'when', 'why', 'how'. Weitere Hilfen findet Ihr unter ‚Fragen im Present Tense', Seite 63 sowie unter ‚Fragen im Past Tense', Seite 66.

TIP 28

Where should smoking be forbidden?
Wo sollte das Rauchen verboten werden?

Die gesuchte Antwort: It should be forbidden in public places.
Es sollte in der Öffentlichkeit verboten werden.

Nachdem Du die Beispiele zu Schritt 1 genau durchgearbeitet hast, kannst Du am folgenden Text ACID RAIN – A WORLDWIDE PROBLEM die Anwendung der Tips selbst üben. Einen weiteren Übungstext RUNAWAYS – A CRY FOR HELP findest Du auf Seite 28.

ACID RAIN – A WORLDWIDE PROBLEM

Acid[1] rain is the cause of problems all over the world. In many lakes and rivers there is almost as much acid as in a car battery. This is why they are dead – they have no fish- or plant-life. Our environment[2] is damaged greatly by acid rain. Forests are being killed and very soon the soil[3] will become acidic. Some studies show that some areas are more affected[4] than others because there aren't certain minerals in the soil. Even buildings are being destroyed by acid rain which eats away stone and metal. Acid always has been a part of our environment but within the last fifteen years scientists[5] believe that they can say that most of the acid rain is man-made.
Reports show that the acid fog from cars is the cause[6] of the dying of the forests in many parts of Europe, America and Canada. Acid fog is also common[7] in many towns and cities. It stays close to the ground and is a real danger to the health[8] of everyone – especially young children. Many people say that coal-burning power stations[9] are the cause of much of the acid rain. Gas from tall chimneys[10] is carried high into the atmosphere where the acid rain is produced. Scientists have found different ways of cleaning the smoke before it is released[11] into the air.

Industries should be forced[12] to use these methods and there should be stricter controls. Many people are very worried about[13] the damage that has already been caused by acid rain. They say that we do not need more research[14] to find out the exact reason for the dying of the forests. We need action before it is too late.
Something should be done now, since there is no time to lose!

1 acid/acidic:	Säure/säurehaltig
2 environment:	Umwelt
3 soil:	(Erd-)Boden
4 (to) be affected:	betroffen sein
5 scientist:	Wissenschaftler(in)
6 (to) cause:	verursachen
7 common:	weitverbreitet
8 health:	Gesundheit
9 power station:	Kraftwerk
10 chimney:	Schornstein
11 (to) release:	freilassen, freigeben
12 (to) be forced:	gezwungen sein
13 (to) worry about:	sich Sorgen machen wegen
14 research:	wissenschaftliche Forschung

Schritt 2: Aufgaben zu einem gegebenen Text lösen

Im zweiten Schritt werden unter **A.** (ab Seite 29) eine Reihe von möglichen Arbeitsanweisungen vorgestellt. Dir werden Tips und Beispiele gegeben. Die meisten Beispiele sind auf den folgenden Text RUNAWAYS – A CRY FOR HELP bezogen. Auf diese Weise kannst Du jederzeit die Tips nachvollziehen.
Unter **B.** (ab Seite 36) erhältst Du Aufgabenbereiche, die zur Erstellung von Texten wichtig sind, sowie Tips zur Bewältigung der einzelnen Aufgaben.

RUNAWAYS – A CRY FOR HELP

Thousands of young boys and girls run away from home every year. They come from different backgrounds[1] and their ages range from[2] as young as eight to about sixteen. Why do these young people run away?
Some do it because they have problems with their parents, some because they do not want to go to school any longer and there are those who have problems with their boy-friend or their girl-friend. Others are only looking for adventure[3].
They all learn very soon that running away is no solution[4]. Most go to friends or relatives[5] where they stay for only a short time before they return to their own families. Some take a little money with them, others take nothing. These young runaways often go to larger cities

where they can hide[6] amongst the thousands of people there. They might live rough[7], with only a little food and no money, spending their days walking through the streets. At night they try to sleep on park benches, under railway bridges or other places. Fortunately, there are houses in some cities where the runaways can find food, clothing and a bed . Very often thieves[8] steal their money or their clothes so that they are forced[9] to return home. Many return home within a few days. Some boys and girls, however, run away from home a second time. They do so because nothing has changed.
Our children do not only need food and a bed to sleep in. They also need love and understanding.

1 different backgrounds:	unterschiedlicher Herkunft
2 (to) range from:	reichen von
3 adventure:	Abenteuer
4 solution:	Lösung
5 relatives:	Verwandte
6 (to) hide:	sich verstecken
7 (to) live rough:	ein hartes Leben führen
8 thief, thieves:	Dieb, Diebe
9 (to) be forced:	gezwungen sein

A. Fragen zum Verständnis des Textes, zum Wortschatz, zur Grammatik usw.

Aufgabenbereich 1: Fragen beantworten

Arbeitsanweisung:
Read the text and answer the following questions.

TIP 29 Viele Fragen enthalten Wörter, die im Text wieder aufzufinden sind. Suche sie im Text auf. Auf diese Weise kannst Du Formulierungen aus dem Text als Lösungshilfe benützen.
Du kannst die Sätze aus dem Text aber auch umformen.

What is the age of runaways?

. . . their ages range from as young as eight to about sixteen.
Most runaways are between eight and sixteen.

Aufgabenbereich 2: Definitionen finden

Arbeitsanweisung:
Give a definition of . . .

return

TIP 30

Du kannst hierzu einen Satz bilden. Du kannst aber auch ein Wort mit ähnlicher Bedeutung (synonym) als Erklärung heranziehen oder das Gegenteil (opposite) zu dem vorliegenden Wort angeben.

Dad returned home after work.

Return means come or go back.

The opposite of return is go away or leave.

Arbeitsanweisung:
Which word in the text is explained here?

People in the desert live such a life.

(*gesucht*: rough)

TIP 31

Hier sollst Du herausfinden, welches Wort im Text durch den Satz erklärt ist.

Aufgabenbereich 3: Wörter und Redewendungen einfügen

Arbeitsanweisung:
Fill in the correct word/suitable expression.

Peter left home last week. He is a . . . .

(*gesucht*: runaway)

TIP 32

Übersetze den vorhergehenden Satz. Versuche, für die Lücke(n) geeignete Redewendungen oder Wörter zu finden.

Aufgabenbereich 4: Wörter abändern

Arbeitsanweisung:
Make adverbs from the following adjectives.

fast – good – friendly

(*gesucht*: fast – well – in a friendly way)

TIP 33

Siehe dazu auch ‚Eigenschaftswörter (Adjektive) und deren Steigerung', Seite 79 und ‚Umstandswörter (Adverbien) und deren Steigerung', Seite 80.
Die Aufgabenstellung kann sich auch auf z. B. Verben und Nomen beziehen.

(to) work
(*gesucht*: the work)
(to) appear
(*gesucht*: the appearance)

Aufgabenbereich 5: Lücken schließen

Arbeitsanweisung:
Fill in the missing words or phrases.

TIP 34 Die Beispiele auf der rechten Seite sind auf den Text bezogen, um diese Arbeitsanweisung für Dich anschaulich zu machen. Manchmal passen unterschiedliche Wörter und Redewendungen in die Lücken der Sätze (z. B. 'various' statt 'different'), manchmal nur ganz bestimmte Wörter und Redewendungen.

Thousands of young boys and ... run ... ... every year.

(*gesucht*: girls – away from home)

They come from ... backgrounds and their ages ... ... as young as eight to about sixteen.
(*gesucht*: different – range from)

Aufgabenbereich 6: Sätze vervollständigen

Arbeitsanweisung:
Complete the following sentence(s).

TIP 35 Hierbei können ganze Satzteile fehlen. Natürlich sind mehrere Lösungen möglich. Du kannst auch aus dem Text ganze Teile übernehmen.

Boys and girls run away from home because ... .
Some do it because ... .
Some take a little money with them, others ... .

Aufgabenbereich 7: Ganze Sätze verändern

Arbeitsanweisung:
Rewrite the following sentence(s).
Change ... .

TIP 36 Du sollst oft nur ein einzelnes Wort verändern (z. B. Zeitenveränderung). Meistens wird Dir ein Signalwort (z. B. 'yesterday') als Hilfestellung vorgegeben.

Many return home ...

(*gesucht*: Many return**ed** home yesterday).

Aufgabenbereich 8: Sätze bilden

Arbeitsanweisung:
Put the following expressions/words into the correct order to make a sensible sentence.

TIP 37

Diese Aufgaben sind oft nicht aus dem Text zu beantworten, aber meistens inhaltlich auf ihn bezogen.

took a little money/when he/Peter/ran away/with him

(*gesucht*: Peter took a little money with him when he ran away.)

Aufgabenbereich 9: Fragen formulieren

Arbeitsanweisung:
Ask questions. The answers are given.

TIP 38

Schreibe Dir die Fragefürwörter auf und die Übersetzungen darunter.

how wie	what was	who wer	why warum
whose wessen	when wann	where wo	

Wiederhole die Regeln zur Fragebildung auf Seiten 63 und 66.

. . . *They run away because they are looking for adventure.*

(*gesucht*: Why do they run away?)

TIP 39

Wichtig: Achte darauf, daß Du in der Frage die gleiche Zeit verwendest wie in der Antwort!

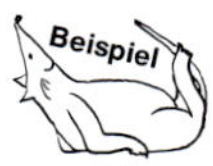

. . . *Peter has got a new bike.*
(*gesucht*: What has Peter got?)

Hier einige nützliche Redewendungen:

I'd (very much) like to know (if/whether, who, when, where, why etc.) . . . .
Could you tell me if . . . ?
I wonder if . . . .
Do you think/know . . . ?
What do you think about . . . ?
What's your opinion about . . . ?
Wherever/Whoever is . . . ?

Aufgabenbereich 10: Wünsche äußern

Arbeitsanweisung:
Express a wish. You want somebody to ...

... help you with the dishes.

Du mußt hier selbst entscheiden, wie höflich Du sein willst oder sein mußt.

Hier einige nützliche Redewendungen:

I want you to ...
I'd like you to ...
I'd love you to ...
I wish you would ...
I hope that you will ...
Would/Can/Could you ...
Do you think you could ...

Sehr bestimmt:
I want you to help me to wash the dishes today.

Sehr höflich:

Do you think you could help me with the dishes, please?

Aufgabenbereich 11: Entschuldigungen finden, Vorschläge machen, Bitten äußern

Arbeitsanweisungen:
Find an excuse./Make a suggestion./Express a request.

Hier einige nützliche Redewendungen:

Excuse
(I'm) sorry.
I'm awfully/terribly sorry.
I beg your pardon.
I must apologize for ... (+,-ing' Form!)
I didn't mean to ...
Can you forgive me for ... (+,-ing' Form!)

I'm so sorry that I couldn't help you.

I must apoligize for being rude yesterday.

Suggestion
What/How about ... ? (+,-ing' Form!)
Would you like ... ?
What would you say to ... ?
I suggest ... (+,-ing' Form)
I've got a good idea. Let's ...

What about going to the beach this weekend?

I suggest going by bus.

Request

Can you/Could you . . . ?
Please . . .
May I ask you to . . . ?
I'd like you to . . .

Could you put your cigarette out?
Please don't smoke in here.

Aufgabenbereich 12: Argumente für und gegen etwas sammeln

Arbeitsanweisungen:
Write down some arguments . . .

You are a supporter/an opponent of . . .
Write down your opinion.
You are for/against . . .
Give reasons.

TIP 42 Wenn du Argumente zu einer bestimmten Sache suchst, fallen Dir mit Sicherheit Argumente dafür und dagegen ein.
Das T-Schema ist hilfreich.
Hier einige nützliche Redewendungen:
I think . . .
In my opinion . . .
After all, . . .
I don't think so.
I'm not quite so sure.
I agree/disagree.
I wouldn't say so.

. . . for and against leaving home at sixteen.

for (pros)	against (cons)
You can live your life the way you want to.	You mightn't have enough money.
You can choose whatever friends you want.	You might feel lonely.
Nobody criticizes you for your opinions, e. g. political opinions.	You don't have full legal rights until you're eighteen.

Aufgabenbereich 13: Gespräche/Dialoge führen, Rollen übernehmen

Arbeitsanweisungen:
Put these sentences into the correct order to form a dialogue.

TIP 43 Meist passen nur bestimmte Satzpaare zusammen. Suche zuerst die zueinander passenden Satzpaare und ordne sie dann dem Sinnzusammenhang nach. Numeriere sie durch. Zum Schluß kontrolliere durch Übersetzen, ob der Verlauf des Dialoges stimmig ist.

Jean: Thanks.
Tony: Where do you work?
Jean: I am very lonely, but I'm going to join a youth club next week.
Tony: Then you have to do a lot of routine work, haven't you?

Jean: Sure! As soon as possible.
Tony: Why did you leave your family and come to London?
Jean: I work in a biscuit factory near Waterloo Station.
Tony: That's a very good idea, Jean. If you need any help, ring me up! Have a nice time.
Jean: It is very boring, but I earn a lot of money so that I can help my family. And you get used to the job after a few weeks.
Tony: Have you got any friends here?
Jean: Because I got a job here.
Tony: Do you want to go back to your family one day?

Die richtige Reihenfolge:
Tony: Why did you leave your family and come to London?
Jean: Because I got a job here.
Tony: Where do you work?
Jean: I work in a biscuit factory near Waterloo Station.
Tony: Then you have to do a lot of routine work, haven't you?
Jean: It is very boring, but I earn a lot of money so that I can help my family. And you get used to the job after a few weeks.
Tony: Do you want to go back to your family one day?
Jean: Sure! As soon as possible.
Tony: Have you got any friends here?
Jean: I am very lonely, but I'm going to join a youth club next week.
Tony: That's a very good idea, Jean. If you need any help, ring me up! Have a nice time.
Jean: Thanks.

Take the part of ... and complete the dialogue.

TIP 44 Die Aussagen des Gesprächspartners im Dialog stehen fest. Dadurch sind auch die von Dir zu bildenden Sätze inhaltlich vorbestimmt. Lies daher die Sätze Deines Gesprächspartners gründlich durch und übersetze sie.

Bob: *Why did you leave your job?*
Linda: Because I didn't earn enough.
Bob: *Where are you working now?*
Linda: At a bank in the town centre.
Bob: *How is your new job?*
Linda: It's better than my old job, anyway.

(Die zu bildenden Sätze sind im obigen Beispiel kursiv gedruckt.)

Aufgabenbereich 14: Meinungen äußern, Schlußfolgerungen ziehen, Entscheidungen treffen

Arbeitsanweisungen:
Write down what you think about ...

TIP 45 Manchmal helfen Dir Zahlen oder Schaubilder, eine Meinung zu einem Problem zu bilden. Schreib Dir die wichtigsten Informationen aus den Zahlen und Grafiken heraus. Ziehe dann aus den Informationen Schlußfolgerungen.

Imagine you are offered . . . .
How would you decide?

TIP 46 Schreib alle Argumente auf, die Du sprachlich formulieren kannst, auch wenn Du persönlich diese Argumente nicht vertreten kannst.

Imagine you are offered a place in an exchange programme with an American school for one year. How would you decide?
I would accept the place because
- I would improve my English.
- I would get to know a lot of people.
- I would visit a lot of nice places.
- I would experience new things.

B. Einen Teil des gegebenen Textes selbst erstellen oder verändern

Aufgabenbereich 15: Einen Anfang/einen Schluß zu einem Text finden

Arbeitsanweisungen:
Here is how the story ends. Find a suitable beginning.

Here is part of a story. Finish it.

Finish the story adding the following facts.

TIP 47 Du mußt zuerst den Inhalt des vorgegebenen Teils der Geschichte gründlich erarbeiten. Stelle dann eine Stichwortreihe auf, durch die Du den Ablauf der Teilgeschichte festhältst.
Überlege Dir dann einen möglichen Anfang oder ein mögliches Ende der Geschichte. Notiere auch dazu Stichworte. Nun muß die gesamte Stichwortreihe in sich stimmig sein.

Aufgabenbereich 16: Etwas unter einem bestimmten Gesichtspunkt wiedergeben

Arbeitsanweisung:
Rewrite the story from . . .'s point of view.

TIP 48 Dies kann z. B. bei einem Augenzeugenbericht geschehen. Versetze Dich in die Lage der entsprechenden Person.
Notiere:
Deine Geschichte muß insgesamt glaubwürdig sein.

Aufgabenbereich 17: Zusammenfassungen erstellen

Arbeitsanweisung:
Write a summary (precis) of the text.

TIP 49 Unterstreiche die wesentlichsten Punkte im Text und numeriere sie durch. Verändere die Geschichte nicht. Gib nur das wieder, was Du dargeboten bekommen hast. Halte Dich daran, einfache Sätze zu bilden. Du kannst zur Wiedergabe jederzeit eigene Wörter verwenden, wenn Du damit nicht inhaltlich abweichst.

Aufgabenbereich 18: Briefe und Bewerbungen schreiben

Arbeitsanweisungen:
Imagine you are .... Write a letter to ..., using the given notes.

TIP 50 Lies Dir ‚Tips und Übungen zum Briefeschreiben' ab Seite 43 durch. Mach Dir unbedingt klar, welche Position Du Deinem Briefpartner gegenüber einnimmst (Chef, Untergebener, Freund, guter Bekannter, Verwandter usw.). Davon hängen Deine Formulierungen ab!

Write a letter of application.

TIP 51 *Hier einige nützliche Redewendungen:*
I would like to apply for ...
I am looking for a permanent/temporary job.
I am looking for a job that ...
I see that you are looking for/need/require a ...
I have always been interested in ...
I have a lot of experience in ...
My qualifications are ...
I believe that I am well qualified for the job because ...
I can provide excellent references ...
I can come for an interview at any time.

Aufgabenbereich 19: Zeitungsartikel und Berichte schreiben

Arbeitsanweisungen:
Imagine you are a reporter. Write a report about ... for your newspaper.

Use the following notes to write an account of ... for the police.

TIP 52 Liste alle Fakten auf, die Du zur Erstellung Deines Berichtes benötigst. Ordne diese Fakten, so daß eine logische Reihenfolge erkennbar ist.

Um eine langweilige Aneinanderreihung von Sätzen zu vermeiden, verwende unterschiedliche Konjunktionen.

Hier einige Beispiele:

when	until	after	before
wann, als	bis	(da)nach	bevor, ehe
while	although	so that	as
während	obwohl	so daß	da, weil
since	in order to	unless	if
seit	um . . . zu	wenn nicht	ob, wenn

Achte darauf, daß z. B. ein Bericht für eine Zeitung meistens mehr Eigenschaftswörter enthält als z. B. ein Augenzeugenbericht für die Polizei.

Aufgabenbereich 20: Geschichten schreiben

Arbeitsanweisung:
Write a story about . . . . Here are a number of facts that are important for the story.

TIP 53

Dieser Aufgabenbereich wird nur äußerst selten ohne zusätzliche Hilfen vorkommen. Oft werden Dir Bilder oder andere Informationen dargeboten.
Versuche, alle notwendigen Fakten vorher den Bereichen Anfang, Mitte, Schluß zuzuordnen, wobei Du etwa 25% der Wörter für den Anfangsteil, 50% für den Mittelteil und 25% für den Schlußteil einplanen solltest.

Tips und Übungen zum Schreiben einer Bild(er)geschichte – The Picture Story

Immer wieder wirst Du vor die Aufgabe gestellt, ein Bild zu beschreiben oder eine ganze Bildergeschichte zu erzählen. Alles, was Du im Kapitel ‚Einen Text selbst erstellen' lesen konntest, wird Dir hierbei eine notwendige Hilfestellung sein. Im folgenden werden Dir besonders wichtige Tips zur Einzelbildbeschreibung und zur Bildergeschichte angeboten.

Einzelbildbeschreibung

Bei einer Bildbeschreibung kannst Du die einzelnen Inhalte des Bildes aufzählen oder aber Handlungsabläufe, die im Bild zu erkennen sind, wiedergeben. Du wirst meistens beide möglichen Betrachtungsweisen verknüpfen. Der unbeteiligte Zuhörer muß sich anhand Deiner Darlegungen selbst ein ‚Bild machen' können. Er sollte nach Deiner Bildbeschreibung ein Bild zeichnen können, das dem beschriebenen Bild gleicht.

Hier einige Arbeitsanweisungen, die Dir Dein Lehrer geben könnte: TIP 54
What can you see in the picture on page ... ?
What can you see in the foreground/background (Vordergrund/Hintergrund)?
Talk about what you can see ... .
What do/don't you like about the picture?

Numeriere mit Bleistift all die Dinge auf dem Bild (Seite 40), die Du anschließend in der Bildbeschreibung mit verwenden willst. Dies können Personen, wichtige Gegenstände, Farben und vieles andere sein. TIP 55

Versuche nun, die numerierten Einzelheiten mit der dazugehörigen englischen Bezeichnung zu versehen. Schreib Dir die Nummern mit den Bezeichnungen auf. TIP 56

Beispiel

1. postman
2. Mick-Mouse of Glenmoor Castle with a letter
3. Jerry-Roy and Mick behind a wall
4. Cathy with a parcel
5. weather: a sunny day with some clouds

Fehlt Dir eine wichtige Bezeichnung, so umschreibe das Wort und trage es in die Liste ein. TIP 57

Beispiel

– the man who brings the letters every day (anstelle von 'postman')

Vervollständige die Liste in Tip 56, indem Du neben die Nomen jeweils ein passendes Verb (oder auch mehrere) schreibst. TIP 58

Beispiel

postman – (to) be afraid of, (to) stand on, (to) look worried, (to) jump onto

TIP 59 Wenn Du Handlungsabläufe beschreibst, verwende das Present Progressive.

Beispiel The postman **is standing** on his bag./The postman **is jumping** onto his bag.

TIP 60 Beginne Deine Beschreibung mit einer der folgenden Redewendungen:

In the picture I can see/there is/are ...
In the left/right hand corner I can see/there is/are ...
In the centre/foreground of the picture ...
At the bottom/top of the picture ...

ÜBUNG Wende nun selbst diese Tips an folgendem Bild an.

Die Bildergeschichte

Im Mittelpunkt von Bildergeschichten steht der Erzählaspekt. Eine Handlung wird im Ablauf durch mehrere Bilder dargestellt. Das erfordert, daß Du bei der Bearbeitung vor allem das Simple Past, das Past Progressive oder das Past Perfect verwendest. Achte besonders darauf. TIP 61

Es gibt eine ganze Reihe von Möglichkeiten, wie Dir hier Aufgaben gestellt werden können:

1. Alle Bilder sind vorgegeben.
2. Das Anfangsbild fehlt.
3. Eines der Mittelbilder fehlt.
4. Das Schlußbild fehlt.
5. Das Anfangsbild und das Schlußbild fehlen.

In allen Aufgabenstellungen kann ein einleitender Satz vorgegeben sein oder auch nicht. Meistens ist durch ein Schlüsselwort (keyword) die Verwendung des **Simple Past** vorgegeben: z. B. Last week Mr Miller **went** . . .

Bevor Du mit dem Üben beginnst, wiederhole die ‚unregelmäßigen Verben' ab Seite 50, sowie ‚Tips zum Wörterlernen' ab Seite 9 und ‚Die Wortstellung im englischen Satz' ab Seite 83. TIP 62

Schau Dir alle gegebenen Bilder gründlich an und versuche, Dir im Kopf einen Handlungsablauf zurechtzulegen. Du kannst Dir auf deutsch eine Stichwortliste zum Ablauf machen. Notiere nun zu jedem Bild, wo möglich: TIP 63

wer?	was?	wann?	wo?	wie?	weshalb?	womit?	mit welchem Resultat?

Mußt Du eine Überschrift finden? Vergiß sie nicht! TIP 64

Umschreibe Wörter, deren englische Übersetzung Dir nicht einfällt. TIP 65

Sieh Dir nochmals die Bindewörter (Konjunktionen) an. Beispiele dazu findest Du auf Seite 38 und 45. Mit den richtigen Bindewörtern liest sich eine Bildergeschichte viel flüssiger (z. B. suddenly, a little later, the following day). TIP 66

Achte nach Fertigstellung der Geschichte darauf, daß jeder Satz die richtige Wortstellung hat. Siehe dazu auch Seite 83. Überprüfe nochmals die häufigste Fehlerquelle: **die Zeiten**! Siehe dazu auch Seite 54 und 59. TIP 67

Gehe in der Reihenfolge der Tips vor und versuche, sie an der folgenden Bildergeschichte anzuwenden. Das letzte Bild ist erst in den Lösungen aufzufinden. Denk daran, daß es mehrere geeignete Lösungen für den Schlußteil dieser Bildergeschichte geben kann. Der folgende Textteil ist Dir vorgegeben, so daß Du einfach daran anknüpfen mußt.

Überschrift?

One evening Cathy decided not to watch TV with her parents. Her boy-friend, Mick, had asked her to look after his pet, a very nice mouse called Mick-Mouse of Glenmoore Castle. Mick had caught the mouse during a visit to Scotland. Cathy wanted to teach the mouse some tricks. . . .

Go on from here. Don't forget to find a suitable title for your story.

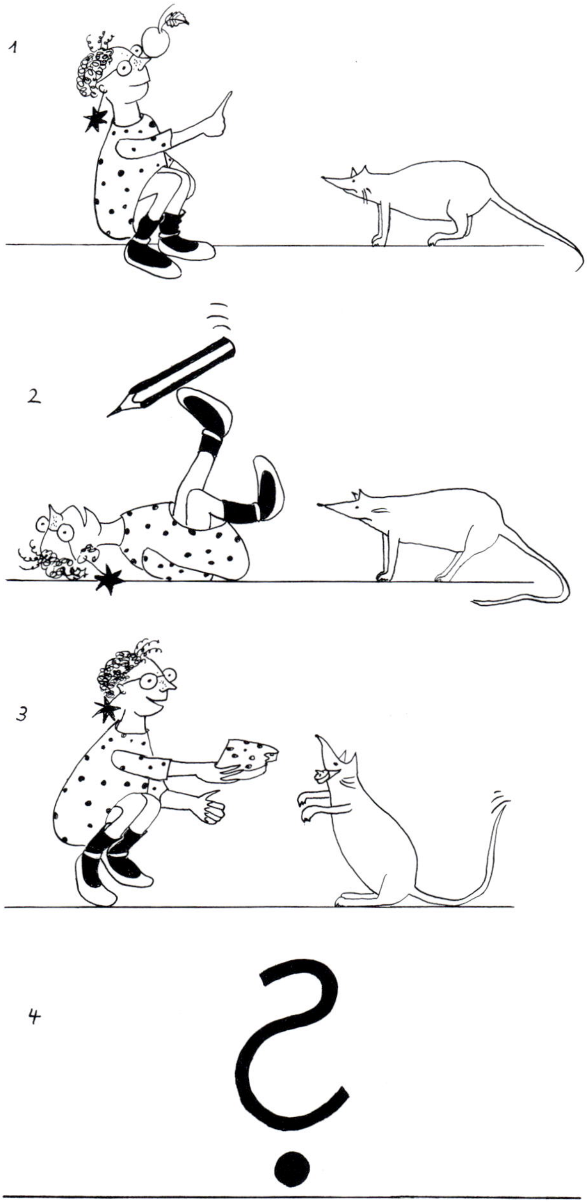

6. Tips und Übungen zum Briefeschreiben

Der persönliche Brief

Die für Dich augenblicklich wohl wichtigste Briefsorte ist der persönliche Brief. Das ist der Brief, den Du an eine gut bekannte Person schreibst. Die wichtigsten Merkmale dieses persönlichen Briefes werden in diesem Kapitel erläutert. Du findest auch Informationen zum Geschäftsbrief. Abschließend folgen Briefschreibeübungen.

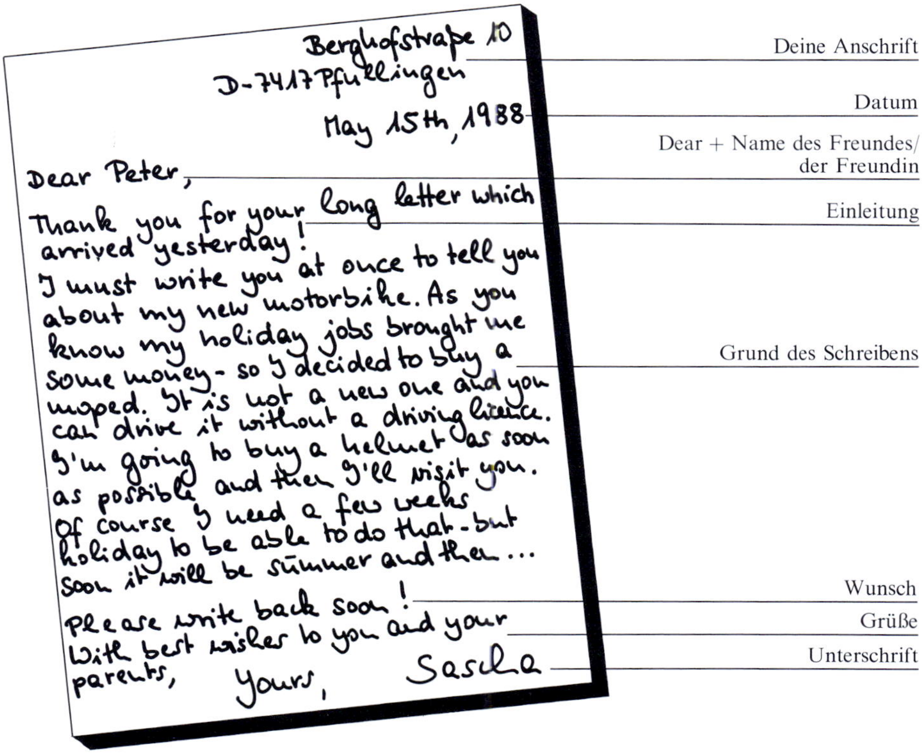

Berghofstraße 10
D-7417 Pfullingen
May 15th, 1988

Dear Peter,

Thank you for your long letter which arrived yesterday!
I must write you at once to tell you about my new motorbike. As you know my holiday jobs brought me some money - so I decided to buy a moped. It is not a new one and you can drive it without a driving licence. I'm going to buy a helmet as soon as possible and then I'll visit you. Of course I need a few weeks holiday to be able to do that - but soon it will be summer and then ...

Please write back soon!
With best wishes to you and your parents,

Yours, Sascha

Interessierst Du Dich vor allem für formelle Briefe, wie z. B. Geschäfts-, Leser- oder Bewerbungsbriefe, so beachte bitte auch den Hinweis im Kapitel ‚Büchertips' auf Seite 100. Weitere Tips zum Briefeschreiben erhältst Du auf Seite 37.

TIP 68

Auch wenn Du einen Brief nur zu Übungs- oder Prüfzwecken in der Schule schreibst: Stell Dir immer eine bestimmte Person als Empfänger vor, die es wirklich gibt. Dadurch wird Dein Brief realistischer.

TIP 69

Merke Dir vier Briefmerkmale besonders!

1. Absender, Datum, Anrede
2. Briefeinleitung
3. Ausführung, Grund des Schreibens
4. Briefende mit Wunsch, Gruß und Unterschrift

Merkmal 1: Absender, Datum, Anrede

Der **Absender** bist Du, und folglich erscheint Deine Anschrift immer rechts oben auf dem Briefbogen (Straße und Hausnummer, Postleitzahl und Wohnort). Vor die Postleitzahl kannst Du entweder, West Germany oder ein ‚D' für die Bundesrepublik Deutschland setzen, z. B. D-7410 Reutlingen.

Das **Datum** sollte ebenfalls immer rechts oben auf dem Briefbogen unter Deiner Anschrift erscheinen. Präge Dir eine der nachfolgenden englischen Datumbezeichnungen gut ein und verwende sie ab sofort immer, z. B. auch zur Übung vor den jeweiligen Hausaufgaben.

(Saturday,) 20th April, 19.. entspricht der Kurzform 20/4/19..
oder (vor allem in den USA):
(Saturday,) April 20th, 19.. entspricht der Kurzform 4/20/19..

Die Abkürzungen für die Tage lauten: 1st (fir**st**), 2nd (seco**nd**), 3rd (thi**rd**), 4th (four**th**), 5th (fif**th**) usw. Die Wochentagsnamen sind im Beispiel in Klammern gesetzt, weil sie weggelassen werden können.

Als **Anrede** im persönlichen Brief ist das 'Dear' gefolgt vom Namen des Empfängers und einem Komma üblich. Beachte die Großschreibung des 'Dear' und des ersten Wortes nach dem Komma, also des eigentlichen Textanfangs. Schreibst Du an eine Person, deren Vornamen Du nicht benutzt, steht vor dem Nachnamen bei einem Mann 'Mr' und bei einer verheirateten Frau 'Mrs'. Ähnlich dem deutschen ‚Fräulein' schreibt man bei unverheirateten Frauen 'Miss'. Zunehmend findet aber (vor allem in den USA) die Anrede 'Ms' Verwendung, der man nicht mehr entnehmen kann, ob eine Frau verheiratet ist oder nicht.

1. Dear Peter,
   I was very happy to get your letter.
2. Dear Ms Radford,
   I was very happy to ...

Merkmal 2: Briefeinleitung

Nach der Anrede bedankst Du Dich für ein kürzlich erhaltenes Schreiben oder entschuldigst Dich dafür, daß Du lange nichts hast von Dir hören lassen. Du kannst hier auch mitteilen, warum Du diesen Brief unbedingt schreiben mußtest.

- Thank you for your long letter, which arrived yesterday.
- I'm sorry it has taken me so long to answer your last letter.
- I must write at once to tell you about . . . .

Merkmal 3: Ausführungen, Grund des Schreibens

Dies ist der wichtigste Teil im Brief. Hier kommst Du zu den Dingen, die Du eigentlich mitteilen willst. Alle anderen Briefmerkmale sind sich in jedem Brief ähnlich. Zur Beherrschung des dritten Merkmals brauchst Du etwas mehr Übung. Gleich anschließend findest du eine Reihe unterschiedlicher Aufgaben zum Briefeschreiben. **Beachte in einer Prüfung besonders, daß Du genau auf die gestellten Fragen antwortest!** Präge Dir einige der nachfolgenden Wörter ein, die Sätze im Brief verbinden:

then	dann, anschließend
after	nachdem
afterwards	danach
however	jedoch, aber
finally; in the end	schließlich, endlich, zuletzt
so; therefore	deshalb

Merkmal 4: Briefende mit Wunsch, Gruß und Unterschrift

Dein Brief schließt mit einem Satz, in dem Du einem bestimmten Wunsch Ausdruck verleihst. Bevor Du dann mit Deinem Vornamen unterzeichnest, schreibst Du noch eine der im Englischen üblichen Grußformeln.

I am looking forward to hearing from you soon.	Ich freue mich, bald etwas von Dir zu hören.
Please write back soon.	Bitte schreibe bald.
Give my best regards to . . .	(Grüße an Dritte)
Yours, . . . Love, . . .	(verschiedene Schlußformeln)
xxx	(Ein ‚x' unter dem Namen steht für einen Kuß!)
S. W. A. L. K. =	"**S**ealed **W**ith **A** **L**oving **K**iss"
B. B. D. C. Y. K. =	"**B**ye **B**ye **D**ear **C**onsider **Y**ourself **K**issed" (Dies kann ebenso wie S. W. A. L. K. auf den Briefumschlag geschrieben werden.)

Briefrückseite:

Der Geschäftsbrief

Neben persönlichen Briefen wirst Du vielleicht einmal einen förmlichen oder Geschäftsbrief (siehe auch Tip 51) auf Englisch schreiben müssen. Hierbei sind einige Dinge zu beachten.

1. Die Anrede in einem solchen Brief lautet:
   Dear Sir/Sirs/Madam,
   Dear Mr/Mrs/Ms Taylor,
2. Ob Du es glaubst oder nicht, es gibt immer wieder Leute, die sich in einem förmlichen Brief nach dem Befinden des Angeschriebenen erkundigen! Das sollte man natürlich unterlassen.
3. Wenn Du Dich auf eine Annonce, einen früher bereits geschriebenen Brief oder auf ein Telefongespräch beziehst, schreibst Du nach der Anrede:
   With reference to your advertisement in ...
   With reference to your letter of August 12th ...
   With reference to your phone call of August 12th ...
4. Der Schluß eines solchen Briefes lautet:
   Yours faithfully, ... (wenn Du in der Anrede 'Dear Sir/Sirs/Madam' verwendet hast)
   Yours sincerely, ... (wenn Du in der Anrede den Nachnamen verwendet hast)
   Sincerely yours, ... (AE)
   Faithfully yours, ... (AE)

Weitere Tips zum Briefeschreiben

TIP 70

Teile Dir Deine Zeit beim Schreiben eines Briefes in einer Prüfung genau ein! Z. B. 3 Minuten Nachdenken, 10 Minuten Schreiben, 5 Minuten nochmals durchlesen.
Beachte die erreichbare Punktezahl und richte die Länge Deines Briefes danach.

TIP 71

Hier sind fünf Kontaktanschriften, die **Briefpartnerschaften** vermitteln. Eine Rückantwort dauert manchmal recht lange.

Großbritannien

International Scholastic Correspondence
'Dovenden', Tipton St. John
Sidmouth, Devon
ENGLAND
(Vermittelt englische Korrespondenzpartner. Alter 11–16)

Vereinigte Staaten von Amerika

League of Friendship
P. O. Box 509
Mount Vernon, Ohio 43050
USA

oder

International Friendship league
55 Mount Vernon Street
Boston, Massachusetts 02108
USA

(Spezialisiert auf Schüler und Studenten. Alter 12–22)

Kanada

Ministère du Loisir de la Chasse et de la Pêche
Secrétariat des échanges socioculturels
Bureau de Correspondance du Québec
150 Est St-Cyrille
Québec OC 61R 4Y1
CANADA
(Vermittelt englisch und französischsprachige Korrespondenz.)

Australien

International Correspondence For Schools
c/o United National Association of Australia
69 Clarence Street, GPO Box 9820
Sydney, N. S. W. 2001
AUSTRALIA

Übungen zum Briefeschreiben

1. Schreibe einen Brief an einen englischen Brieffreund, in dem es um Deine Schule und Deine Unterrichtsfächer geht. Die Merkmale 1, 2 und 4 mußt Du ergänzen. Entscheide Dich bei der nachfolgenden eigentlichen Textaussage (Merkmal 3) jeweils für eine Version und fülle die Lücken aus:

I really like / dislike my school. It is a new / an old building and it has more than

. . . pupils. I'm not very good / quite good at sport and I do a lot of / don't do much training.

My . . . subject is . . . because . . . . My last German essay was / wasn't good.

It was interesting – but – too long. / long – too short. / short – but interesting. I have a lot of / few ideas and / but I

feel it is difficult / easy to put them into writing.

We get . . . homework. My teachers are . . . . They are never / often cross with us.

After school I . . . .

2. In dem nachfolgenden eigentlichen Textteil eines Briefes fehlen die verbindenden Wörter. Bitte notiere Kennziffern und Wörter. Die Lösungen stehen auf Seite 112.

Dear Penny,

Thank you very much for your interesting letter. I enjoyed reading about your holiday in Scotland.
I'd like to tell you about my new job in this letter. (1) ... I lost my old job in the factory I decided to become a taxi driver. My first customer was an aggressive-looking man. (2)... we had gone a few miles he decided he didn't want to go by taxi after all and ordered me to stop. I was frightened (3) ... I stopped the car. (4) ... he got out and started to walk away. (5) ... I wanted my fare and (6) ... I ran after him! I (7) ... caught him and managed to persuade him to give me my money.
You can imagine how I felt after this first trip ...

3. Schreibe einen Brief an Deine englische Brieffreundin Julie und berichte über Deine Unternehmungen am letzten Wochenende. Folgende Punkte solltest Du mit einbauen:

a. holiday park with grandparents
b. time it took to get there
c. sunshine
d. big dipper (Berg- und Tal-Bahn) with your grandmother
e. ice cream
f. present for parents

Du findest einen Lösungsvorschlag auf Seite 113.

4. Ein Brieffreund aus Amerika wird bald Deutschland besuchen. Er hat Dich um Mithilfe bei der Planung seines Aufenthaltes gebeten. Schreibe einen Brief und teile ihm mit, was du bisher unternommen und geplant hast.

5. Schreibe Deinen ersten Brief an einen neuen Brieffreund/eine neue Brieffreundin in Australien. Sage ihm/ihr:

a. woher Du seine/ihre Adresse hast.
b. etwas über Deine Familie.
c. etwas über Deinen Wohnort.
d. etwas über Deine Schule und Deine Lieblingsfächer (oder das Gegenteil).
e. etwas über Deine Hobbys.

6. Du hast kürzlich etwas Geld geerbt. Teile Deinem Briefpartner diese gute Nachricht mit und sag ihm, was Du mit dem Geld tun wirst.

7. Schreibe einem Freund, wie Du Weihnachten verbringst.

7. Tips und Übungen zur Grammatik

Viele Schüler haben eine besondere Abneigung gegen Grammatik, da allein schon dieses Wort an ‚endlose' Schulstunden erinnert, in denen **scheinbar** unnütze, unverständliche Dinge gelernt werden müssen, die man am liebsten sehr schnell wieder vergißt. Versuch nun bitte, diese Vorurteile zu vergessen, und Dir vorzustellen, daß Du in jedem Satz, den Du im Deutschen sagst, Grammatik unbewußt anwendest und damit erst den Wörtern, die Du gebrauchst, einen Sinn gibst. Ein Beispiel soll Dir dies verdeutlichen:

Gestern bekomme ich ein neues Fahrrad. – Dieser Satz ist sinnlos.
Gestern bekam ich ein neues Fahrrad. – Mit dem richtigen Gebrauch der Zeit wurde der Satz verständlich und sinnvoll!

Für Schüler gibt es drei wichtige Bereiche, die ständig gefordert werden: Die Anwendung der Zeiten, der Gebrauch von Aktiv und Passiv und die direkte und indirekte Rede. Alle drei Bereiche sind wirklich ohne weiteres begreifbar und damit auch lernbar!
Bei allen drei Bereichen ist es wichtig, daß Du die unregelmäßigen Verben kennst und kannst. Auf den nachfolgenden Seiten 51 bis 54 findest Du eine Liste dieser unregelmäßigen Verben mit vielen hilfreichen Erklärungen, die Dir das Lernen erleichtern. Am Beispiel des Verbes '(to) draw – zeichnen', zeigen wir Dir anschließend in der Übersicht auf den Seiten 54 bis 59, wie man ein Verb in allen Zeitformen und für alle Personen bildet.

Wichtige unregelmäßige Verben – Important Irregular Verbs

1.	2.	3.
Spalte 1 nennt die **Grundform** (Infinitiv). Diese **1. Form** des Verbs wird im **Simple Present**, im **Will-Future** und im **Conditional I** verwendet.	Die **2. Form** des Verbs in der Spalte 2 ist das **Simple Past**.	Die **3. Form** des Verbs in der Spalte 3 wird im **Present Perfect**, im **Future Perfect**, im **Conditional II** und mit ‚had' statt ‚have/has' vor dem Vollverb im **Past Perfect** verwendet. Auch das **Passiv** wird mit der 3. Form gebildet.

Hier ein Beispiel zur Zeitenbildung mit dem Verb '(to) draw'. Eine vollständige Übersicht findest Du auf den Seiten 54 bis 59. Ausführliche Informationen zur Verwendung und Bildung jeder einzelnen Zeit siehe Seite 59 bis 71.

draw	drew	have/has drawn	zeichnen; ziehen

Spalte 1: I draw, he draw**s** — ich zeichne, er zeichnet (Simple Present/einfache Gegenwart)
I will draw = ich werde zeichnen (Will-Future/einfache Zukunft)
I would draw = ich würde zeichnen (Conditional I/Bedingungsform)

Spalte 2: I drew = ich zeichnete/ich habe gezeichnet (Simple Past/einfache Vergangenheit)

Spalte 3: I have drawn,
he **has** drawn = ich habe gezeichnet/er hat gezeichnet (Present Perfect/Vergangenheit mit Bezug zur Gegenwart)
I will have drawn = ich werde gezeichnet haben (Future Perfect/vollendete Zukunft)
I would have drawn = ich würde gezeichnet haben/ich hätte gezeichnet (Conditional II/Bedingungsform in der Vergangenheit)
I had drawn = ich hatte gezeichnet (Past Perfect/vollendete Vergangenheit)

Die meisten englischen Tätigkeitswörter (Verben) sind regelmäßig, das heißt sie werden auf ‚-ed' gebildet. Z. B.:

like	lik**ed**	have/has lik**ed**	mögen, gern haben
wait	wait**ed**	have/has wait**ed**	warten

Daneben gibt es **unregelmäßige Verben**, die Du Dir besonders gut einprägen mußt! In der nachfolgenden Tabelle sind die am häufigsten verwendeten aufgelistet. Wie die Zeiten genau gebildet werden, erfährst Du auf den Seiten 59 bis 71.

be (am, are, is)	was, were	have/has been	sein
beat	beat	have/has beaten	schlagen
become	became	have/has become	werden
begin	began	have/has begun	anfangen, beginnen
bend	bent	have/has bent	(sich) biegen
bet	bet	have/has bet	wetten
bite	bit	have/has bitten	beißen
blow	blew	have/has blown	blasen
break	broke	have/has broken	(zer-)brechen
bring	brought	have/has brought	(her-)bringen
broadcast	broadcast	have/has broadcast	senden; verbreiten
build	built	have/has built	bauen

burn	burnt*	have/has burnt*	(ver-)brennen
burst	burst	have/has burst	platzen
buy	bought	have/has bought	kaufen
catch	caught	have/has caught	fangen
choose	chose	have/has chosen	(aus-)wählen
come	came	have/has come	kommen
cost	cost	have/has cost	kosten
cut	cut	have/has cut	schneiden
deal	dealt [delt]	have/has dealt	handeln mit
dig	dug	have/has dug	graben
do (does)	did	have/has done	tun
draw	drew	have/has drawn	zeichnen; ziehen
dream	dreamt* [dremt]	have/has dreamt*	träumen
drink	drank	have/has drunk	trinken
drive	drove	have/has driven	fahren
eat	ate [et]	have/has eaten	essen
fall	fell	have/has fallen	fallen
feed	fed	have/has fed	füttern
feel	felt	have/has felt	(sich) fühlen
fight	fought	have/has fought	kämpfen
find	found	have/has found	finden
flee	fled	have/has fled	fliehen
fly	flew	have/has flown	fliegen
forbid	forbade/forbad	have/has forbidden	verbieten
forget	forgot	have/has forgotten	vergessen
forgive	forgave	have/has forgiven	verzeihen, vergeben
freeze	froze	have/has frozen	(er-)frieren
get	got	have/has got/gotten (AE)	bekommen, gelangen
give	gave	have/has given	geben
go (goes)	went	have/has gone	gehen
grow	grew	have/has grown	wachsen, werden
hang	hung	have/has hung	(auf)hängen
have (has)	had	have/has had	haben
hear	heard	have/has heard	hören
hide	hid	have/has hidden	(sich) verstecken
hit	hit	have/has hit	schlagen, zusammenstoßen mit
hold	held	have/has held	halten
hurt	hurt	have/has hurt	verletzen, wehtun
keep	kept	have/has kept	(be-)halten
know	knew	have/has known	wissen
lay	laid	have/has laid	legen, decken
lead	led	have/has led	führen, leiten

* Manche unregelmäßigen Verben haben zwei Formen, z. B. burn**t**/burn**ed**. Die ‚-t' Endung ist im britischen Englisch, die ‚-ed' Endung eher im amerikanischen Englisch üblich.

learn	learnt*	have/has learnt*	lernen
leave	left	have/has left	lassen; verlassen; liegenlassen
lend	lent	have/has lent	leihen
let	let	have/has let	lassen
lie	lay	have/has lain	liegen
light	lit	have/has lit	anzünden
lose	lost	have/has lost	verlieren
make	made	have/has made	machen, tun
mean	meant [ment]	have/has meant	meinen, bedeuten
meet	met	have/has met	(sich) treffen, abholen
pay	paid	have/has paid	bezahlen
put	put	have/has put	legen; setzen; stellen
quit	quit	have/has quit	aufhören; aufgeben
read	read	have/has read	lesen
ride	rode	have/has ridden	reiten; fahren
ring	rang	have/has rung	läuten
rise	rose	have/has risen	aufgehen (Sonne)
run	ran	have/has run	laufen, rennen
say	said	have/has said	sagen
see	saw	have/has seen	sehen
seek	sought	have/has sought	suchen (nach)
sell	sold	have/has sold	verkaufen
send	sent	have/has sent	senden, schicken
set	set	have/has set	setzen; stellen
shake	shook	have/has shaken	schütteln
shine	shone	have/has shone	scheinen
shoot	shot	have/has shot	schießen
show	showed	have/has shown	zeigen
shut	shut	have/has shut	schließen
sing	sang	have/has sung	singen
sink	sank	have/has sunk	sinken; versenken
sit	sat	have/has sat	sitzen; sich setzen
sleep	slept	have/has slept	schlafen
smell	smelt*	have/has smelt*	riechen
speak	spoke	have/has spoken	sprechen, reden
spell	spelt*	have/has spelt*	buchstabieren
spend	spent	have/has spent	verbringen
spoil	spoilt*	have/has spoilt*	verderben
spread	spread	have/has spread	(sich) ausbreiten
stand	stood	have/has stood	stehen
steal	stole	have/has stolen	stehlen
stick	stuck	have/has stuck	kleben

* Manche unregelmäßigen Verben haben zwei Formen, z. B. burn**t**/burn**ed**. Die ‚-t' Endung ist im britischen Englisch, die ‚-ed' Endung eher im amerikanischen Englisch üblich.

stink	stank	have/has stunk	stinken
strike	struck	have/has struck	schlagen
sweep	swept	have/has swept	fegen, kehren
swim	swam	have/has swum	schwimmen
swing	swung	have/has swung	schwingen
take	took	have/has taken	nehmen; (hin-)bringen
teach	taught	have/has taught	lehren
tear	tore	have/has torn	reißen, zerreißen
tell	told	have/has told	erzählen, sagen
think	thought	have/has thought	denken, glauben
throw	threw	have/has thrown	werfen
understand	understood	have/has understood	verstehen
wake	woke	have/has woken	(auf-)wecken; aufwachen
wear	wore	have/has worn	tragen (Kleidung)
win	won [wʌn]	have/has won	gewinnen
write	wrote	have/has written	schreiben

Zeitenübersichtstabelle am Beispiel des Verbs (to) draw: Aktiv

Simple Present – Die einfache Gegenwart
Keywords: always, sometimes, never, usually, often, every day, every night etc.

I draw
ich zeichne

you draw
du zeichnest

he draw**s**
er zeichnet

she draw**s**
sie zeichnet

it draw**s**
es zeichnet

we draw
wir zeichnen

you draw
ihr zeichnet

they draw
sie zeichnen

Present Progressive – Die Verlaufsform der Gegenwart
Keywords: now, at the moment, look, listen etc.

I am drawing
ich zeichne gerade

you are drawing
du zeichnest gerade

he is drawing
er zeichnet gerade

she is drawing
sie zeichnet gerade

it is drawing
es zeichnet gerade

we are drawing
wir zeichnen gerade

you are drawing
ihr zeichnet gerade

they are drawing
sie zeichnen gerade

Simple Past – Die einfache Vergangenheit
Keywords: yesterday, in (1987), last year, last month, some months ago etc.

I drew
ich zeichnete/habe gezeichnet

you drew
du zeichnetest/hast gezeichnet

he drew
er zeichnete/hat gezeichnet

she drew
sie zeichnete/hat gezeichnet

it drew
es zeichnete/hat gezeichnet

we drew
wir zeichneten/haben gezeichnet

you drew
ihr zeichnetet/habt gezeichnet

they drew
sie zeichneten/haben gezeichnet

Past Progressive – Die Verlaufsform der Vergangenheit
Keywords: manchmal 'while' oder 'when'

I was drawing
ich zeichnete gerade/habe gerade gezeichnet

you were drawing
du zeichnetest gerade/hast gerade gezeichnet

he was drawing
er zeichnete gerade/hat gerade gezeichnet

she was drawing
sie zeichnete gerade/hat gerade gezeichnet

it was drawing
es zeichnete gerade/hat gerade gezeichnet

we were drawing
wir zeichneten gerade/haben gerade gezeichnet

you were drawing
ihr zeichnetet gerade/habt gerade gezeichnet

they were drawing
sie zeichneten gerade/haben gerade gezeichnet

Present Perfect – Die Vergangenheit mit Bezug zur Gegenwart
Keywords: for, since, just, never, yet, ever, already, not yet, up till now

I have drawn
ich habe gezeichnet

you have drawn
du hast gezeichnet

he **has** drawn
er hat gezeichnet

she **has** drawn
sie hat gezeichnet

it **has** drawn
es hat gezeichnet

we have drawn
wir haben gezeichnet

you have drawn
ihr habt gezeichnet

they have drawn
sie haben gezeichnet

Past Perfect – Die vollendete Vergangenheit
Keywords: before, after, by the time

I had drawn
ich hatte gezeichnet

you had drawn
du hattest gezeichnet

he had drawn
er hatte gezeichnet

she had drawn
sie hatte gezeichnet

it had drawn
es hatte gezeichnet

we had drawn
wir hatten gezeichnet

you had drawn
ihr hattet gezeichnet

they had drawn
sie hatten gezeichnet

Will-Future – Die einfache Zukunft
Keywords: tomorrow, soon, next week, next year, this afternoon

I will draw
ich werde zeichnen

you will draw
du wirst zeichnen

he will draw
er wird zeichnen

she will draw
sie wird zeichnen

it will draw
es wird zeichnen

we will draw
wir werden zeichnen

you will draw
ihr werdet zeichnen

they will draw
sie werden zeichnen

Conditional I – Die Bedingungsform

I would draw
ich würde zeichnen

you would draw
du würdest zeichnen

he would draw
er würde zeichnen

she would draw
sie würde zeichnen

it would draw
es würde zeichnen

we would draw
wir würden zeichnen

you would draw
ihr würdet zeichnen

they would draw
sie würden zeichnen

Future Perfect – Die vollendete Zukunft
Keywords: by then, until/till, by (6 o'clock)

I will have drawn
ich werde gezeichnet haben

you will have drawn
du wirst gezeichnet haben

he will have drawn
er wird gezeichnet haben

she will have drawn
sie wird gezeichnet haben

it will have drawn
es wird gezeichnet haben

we will have drawn
wir werden gezeichnet haben

you will have drawn
ihr werdet gezeichnet haben

they will have drawn
sie werden gezeichnet haben

Conditional II – Die Bedingungsform in der Vergangenheit

I would have drawn
ich würde gezeichnet haben

you would have drawn
du würdest gezeichnet haben

he would have drawn
er würde gezeichnet haben

she would have drawn
sie würde gezeichnet haben

it would have drawn
es würde gezeichnet haben

we would have drawn
wir würden gezeichnet haben

you would have drawn
ihr würdet gezeichnet haben

they would have drawn
sie würden gezeichnet haben

Zeitenübersichtstabelle am Beispiel des Verbs (to) draw: Passiv

Simple Present – Die einfache Gegenwart
Keywords: siehe Aktiv

I am drawn
ich werde gezeichnet

you are drawn
du wirst gezeichnet

he is drawn
er wird gezeichnet

she is drawn
sie wird gezeichnet

it is drawn
es wird gezeichnet

we are drawn
wir werden gezeichnet

you are drawn
ihr werdet gezeichnet

they are drawn
sie werden gezeichnet

Present Progressive – Die Verlaufsform der Gegenwart
Keywords: siehe Aktiv

I am being drawn
ich werde gerade gezeichnet

you are being drawn
du wirst gerade gezeichnet

he is being drawn
er wird gerade gezeichnet

she is being drawn
sie wird gerade gezeichnet

it is being drawn
es wird gerade gezeichnet

we are being drawn
wir werden gerade gezeichnet

you are being drawn
ihr werdet gerade gezeichnet

they are being drawn
sie werden gerade gezeichnet

Simple Past – Die einfache Vergangenheit
Keywords: siehe Aktiv

I was drawn
ich wurde gezeichnet

you were drawn
du wurdest gezeichnet

he was drawn
er wurde gezeichnet

she was drawn
sie wurde gezeichnet

it was drawn
es wurde gezeichnet

we were drawn
wir wurden gezeichnet

you were drawn
ihr wurdet gezeichnet

they were drawn
sie wurden gezeichnet

Past Progressive – Die Verlaufsform der Vergangenheit
Keywords: siehe Aktiv

I was being drawn
ich wurde gerade gezeichnet

you were being drawn
du wurdest gerade gezeichnet

he was being drawn
er wurde gerade gezeichnet

she was being drawn
sie wurde gerade gezeichnet

it was being drawn
es wurde gerade gezeichnet

we were being drawn
wir wurden gerade gezeichnet

you were being drawn
ihr wurdet gerade gezeichnet

they were being drawn
sie wurden gerade gezeichnet

Present Perfect – Die Vergangenheit mit Bezug zur Gegenwart
Keywords: siehe Aktiv

I have been drawn
ich bin gezeichnet worden

you have been drawn
du bist gezeichnet worden

he has been drawn
er ist gezeichnet worden

she has been drawn
sie ist gezeichnet worden

it has been drawn
es ist gezeichnet worden

we have been drawn
wir sind gezeichnet worden

you have been drawn
ihr seid gezeichnet worden

they have been drawn
sie sind gezeichnet worden

Past Perfect – Die vollendete Vergangenheit
Keywords: siehe Aktiv

I had been drawn
ich war gezeichnet worden

you had been drawn
du warst gezeichnet worden

he had been drawn
er war gezeichnet worden

she had been drawn
sie war gezeichnet worden

it had been drawn
es war gezeichnet worden

we had been drawn
wir waren gezeichnet worden

you had been drawn
ihr wart gezeichnet worden

they had been drawn
sie waren gezeichnet worden

Will-Future – Die einfache Zukunft
Keywords: siehe Aktiv

I will be drawn
ich werde gezeichnet werden

you will be drawn
du wirst gezeichnet werden

he will be drawn
er wird gezeichnet werden

she will be drawn
sie wird gezeichnet werden

it will be drawn
es wird gezeichnet werden

we will be drawn
wir werden gezeichnet werden

you will be drawn
ihr werdet gezeichnet werden

they will be drawn
sie werden gezeichnet werden

Conditional I – Die Bedingungsform

I would be drawn
ich würde gezeichnet werden

you would be drawn
du würdest gezeichnet werden

he would be drawn
er würde gezeichnet werden

she would be drawn
sie würde gezeichnet werden

it would be drawn
es würde gezeichnet werden

we would be drawn
wir würden gezeichnet werden

you would be drawn
ihr würdet gezeichnet werden

they would be drawn
sie würden gezeichnet werden

Future Perfect – Die vollendete Zukunft
Keywords: siehe Aktiv

I will have been drawn
ich werde gezeichnet worden sein

you will have been drawn
du wirst gezeichnet worden sein

he will have been drawn
er wird gezeichnet worden sein

she will have been drawn
sie wird gezeichnet worden sein

it will have been drawn
es wird gezeichnet worden sein

we will have been drawn
wir werden gezeichnet worden sein

you will have been drawn
ihr werdet gezeichnet worden sein

they will have been drawn
sie werden gezeichnet worden sein

Conditional II – Die Bedingungsform in der Vergangenheit

I would have been drawn
ich würde gezeichnet worden sein

you would have been drawn
du würdest gezeichnet worden sein

he would have been drawn
er würde gezeichnet worden sein

she would have been drawn
sie würde gezeichnet worden sein

it would have been drawn
es würde gezeichnet worden sein

we would have been drawn
wir würden gezeichnet worden sein

you would have been drawn
ihr würdet gezeichnet worden sein

they would have been drawn
sie würden gezeichnet worden sein

Tips und Übungen zum Gebrauch der Zeiten – The Tenses

Für das Erkennen und Anwenden der Zeiten gibt es drei wichtige Hilfen:

TIP 72 Du lernst die Regeln, wann eine Zeit angewandt werden muß.

TIP 73 Du lernst die ‘keywords’, d. h. Signalwörter, die Dir sagen, um welche Zeit es sich handelt.

TIP 74 Du prägst Dir den Aufbau einer Zeit ein, d. h. ob es sich um eine einfache (simple) Form oder um eine zusammengesetzte handelt.

Mick-Mouse-Gallery

Zum Gebrauch der Zeiten

Present Tense – Die Gegenwart

Im Englischen mußt Du – anders als im Deutschen – zwischen zwei Formen 1. **Simple Present**, 2. **Present Progressive** (manchmal auch **Present Continuous** genannt) unterscheiden:

1. Simple Present – Die einfache Gegenwart

zu Tip 72

Das Simple Present wird dann verwendet, wenn

a. sich Vorgänge regelmäßig wiederholen:

In the holidays we usually **go** to Italy.
In den Ferien gehen wir gewöhnlich nach Italien.
On Sundays I **get up** at ten o'clock.
Sonntags stehe ich (immer) um zehn Uhr auf.

b. Dinge oder Vorgänge beschrieben werden, die sich nie ändern:

In summer it **is** warmer than in winter.
Im Sommer ist es wärmer als im Winter.
Elephants **are** bigger than mice.
Elefanten sind größer als Mäuse.

zu Tip 73

Keywords sind:
always, usually, often, every day/week/month/year, sometimes, never, rarely, seldom

TIP 75

Damit Du Dir die zum Erkennen und richtigen Anwenden einer Zeit wichtigen 'keywords' besser einprägst, schreib eine Liste der Tenses mit den jeweils dazu gehörenden 'keywords' und häng sie in Deinem Zimmer, am besten über Deinem Schreibtisch, auf, damit Du sie immer wieder siehst und sie Dir so gut vertraut werden. (Schau jeweils unter „zu Tip 73".) Hilfen zum Wörterlernen findest Du auch auf Seite 9.

zu Tip 74

Das Simple Present wird mit der Grundform (Infinitiv/siehe dazu auch Seite 50) gebildet:

I go, I write, I like usw.

Hierbei muß allerdings eine **Besonderheit** beachtet werden: bei der 3. Person Einzahl – he, she, it – muß ein **‚s'** ans Verb angehängt werden: he write**s**, she walk**s**, it sing**s** etc. (Siehe dazu auch ‚Tips zum Diktatschreiben', Seite 17).

MERKE

He, she, it – das ‚s' muß mit!

Beachte dabei folgende Ausnahmen:

a. Bei Verben, die auf Zischlaute enden (-ss, -sh, -ch, -x) wird **‚-es'** angehängt: he stress**es**, he wish**es**, he fetch**es**, he fix**es** (Ausnahme: (to)go- go**es**).
b. Bei Verben, die auf **Konsonant** + **‚y'** enden, lautet die Endung ‚-**ies**': he carr**ies**, he cr**ies**.
c. Bei Verben, die auf **Vokal** + **‚y'** enden, wird nur **‚-s'** angehängt: he buy**s**, he play**s**.

zu Tip 72

2. Present Progressive – Die Verlaufsform der Gegenwart

Das Present Progressive wird dann verwendet, wenn

a. etwas im Augenblick des Sprechens geschieht oder wenn man etwas beschreibt:

Listen, she **is singing.**
Hör mal, sie singt (gerade).

Look, I **am standing** on my head.
Schau, ich mache (gerade) einen Kopfstand.

In this picture, a man **is jumping** over a wall.
Auf diesem Bild springt ein Mann (gerade) über eine Mauer.

b. etwas im gegenwärtigen Zeitraum vor sich geht:

I **am trying** hard, but I can‘t translate this text.
Ich strenge mich sehr an, aber ich kann diesen Text nicht übersetzen.

zu Tip 73

Keywords sind:
now, at the moment, look, listen

zu Tip 74

Das Present Progressive wird mit der entsprechenden Form von (to) be (I am, you are, he/she/it is, we/you/they are) und der Grundform (Infinitiv) des Verbs mit angehängtem ‚-ing‘ gebildet.

She **is** drink**ing**/She'**s** drink**ing** a cup of coffee.
Sie trinkt (gerade) eine Tasse Kaffee.

Simple Present oder Present Progressive?

Versuche nun, die soeben gelernten Regeln, Keywords und den Aufbau von Simple Present und Present Progressive zu erkennen und anzuwenden! Nachdem Du die Lücken ausgefüllt hast, kontrolliere Deine Antworten. Bitte, sei ehrlich und schau erst nach, wenn Du die ganze Übung gemacht hast! Die Lösungen stehen auf Seite 113.

1. Mr Smith usually ... (sell) only newspapers.
2. Cats ... (catch) mice.
3. Jean usually ... (wear) a coat to go shopping, but today, as the sun ... (shine), she ... (not wear) one.
4. Alex ... (wash) his hands before every meal.
5. Joe ... (drink) two cups of coffee every morning.
6. Look, Mary ... (play) tennis.
7. On Sundays we usually ... (go) for a walk along the river.
8. John ... (pass) the church on his way to work every day.
9. When Peter ... (come) home, he always ... (switch on) the TV.
10. I'm sorry you can't see her. She ... (sleep) still. (Achte hier auf die Wortstellung!)
11. I rarely ... (carry) an umbrella, but I ... (carry) one now because I think it might rain.
12. Peter ... (sit) in his room now.

13. Listen, the baby ... (cry).
14. Please be quiet. I ... (write) a letter.
15. I ... (get up) at six o'clock every morning.
16. Look, Michael Jackson ... (walk) towards us.
17. Water ... (freeze) at 0° degrees Centigrade.
18. She often ... (sleep) after lunch.
19. Look at Mary, she ... (drink) her medicine.
20. Listen! Our new neighbour ... (play) the piano.

Fragen im Present Tense – Questions in the Present Tense

zu Tip 74

1. Im **Simple Present** müssen Fragen mit dem Hilfsverb **'(to) do'** umschrieben werden:

When **do** you **go** to school on Tuesdays?
Wann gehst Du dienstags zur Schule?
Do you **like** fish and chips?
Magst Du Fisch und Pommes Frites?
Where **does** he **eat** his lunch?
Wo ißt er (immer) zu mittag?

MERKE

- In Fragen, in denen die Hilfsverben, z. B. 'can', 'may, 'must' (siehe Seite 72) benutzt werden, und
- in Fragen, die mit den Frageworten 'Who' (Wer) oder 'What' (Was, wenn es Subjekt ist) beginnen, gibt es **keine** Umschreibung mit '(to) do'.

Who looks after the baby?
Wer kümmert sich um das Baby?
What is the matter?
Was ist los?

2. Im **Present Progressive** ist die Fragestellung einfacher. Hier muß nur die Satzstellung verändert werden:

Laura is reading a book.
Laura liest ein Buch.

- Who **is reading** a book?
  Wer liest ein Buch?
- What **is** Laura **reading?**
  Was liest Laura?
- What **is** Laura **doing?**
  Was tut Laura?

Fragen im Simple Present und Present Progressive

Versuche auch hier, die oben gelernten Regeln anzuwenden. Die Lösungen stehen auf Seite 114.

1. When ... (you/get up) in the morning?
2. Who ... (live) in that house?
3. Why ... (you/wear) a coat this morning?
4. What ... (you/do) at the moment?
5. ... (you/like) chocolate?
6. ... (you/prepare) dinner now, Mummy?
7. What ... (Sheila/have) for breakfast on Sundays?
8. ... (be) it true, that Alan's dog eats ten sausages every day?
9. ... (the postman/come) at ten o'clock?
10. ... (be) that you, Peter?
11. ... (you/see) the car over there? It's ours.
12. ... (you/think) the children ... (still/sleep)?
13. ... (you/watch) TV often?
14. ... (you/enjoy) your English lesson today?
15. Who ... (make) that horrible noise?
16. Why ... (you/never/do) your homework?
17. How ... (your dad/get) to work in the morning?
18. What ... (you/do) with my cassette-recorder, Dave?
19. ... (Sue/go) to dancing lessons?
20. ... (you/enjoy) learning English?

Past Tense – Die erzählende Vergangenheit

Auch hier mußt Du – wie schon beim Present Tense – zwischen zwei Formen unterscheiden: 1. **Simple Past,** 2. **Past Progressive** (manchmal auch **Past Continuous** genannt).

1. Simple Past – Die einfache Vergangenheit

zu Tip 72

Das Simple Past wird immer dann verwendet, wenn Handlungen in der Vergangenheit beschrieben werden.

a. einmalige, beendete Handlungen:

Last year we **were** in the U.S.A.
Letztes Jahr waren wir in den USA.

b. regelmäßige Handlungen:

My father **played** football when he was young.
Als er jung war, spielte mein Vater Fußball.

c. aufeinanderfolgende Handlungen:

He **came** home late, **ate** a sandwich and then he **watched** TV.
Er kam spät heim, aß ein belegtes Brot, und dann sah er fern.

Keywords sind:
yesterday, last week/month/year, some months ago, on Monday, in (1987) zu Tip 73

Das Simple Past wird gebildet

a. bei regelmäßigen Verben durch das Anhängen von ‚-ed' an die Grundform: zu Tip 74
   (to) open – she open**ed**
   (to) start – we start**ed**

b. bei unregelmäßigen Verben mit der 2. Form des Verbs:
   (to) go – he **went**
   (to) drive – we **drove**

2. Past Progressive – Die Verlaufsform der Vergangenheit

Das Past Progressive wird verwendet, wenn

a. zu einem bestimmten Zeitpunkt eine Handlung in der Vergangenheit im Verlauf war: zu Tip 72

   When Dad came home, we **were playing** football.
   Als Papa heimkam, spielten wir (gerade) Fußball.

b. eine Handlung in der Vergangenheit einen ganzen Zeitraum ausgefüllt hat:

   I **was writing** Christmas cards from 6 o'clock p. m. till 9 o'clock p. m.
   Ich schrieb von 6 bis 9 Uhr abends Weihnachtskarten.

Keywords können hier nur manchmal zu Hilfe genommen werden; wenn, dann sind es 'while' und 'when'. zu Tip 73

Das Past Progressive wird mit dem Simple Past von (to) be (I was, you were, he/she/it was, we/you/they were) und dem Vollverb mit angehängtem '-ing' gebildet. zu Tip 74

I **was** writ**ing** . . . .
He **was** carry**ing** . . . .
They **were** buy**ing** . . . .

Simple Past oder Past Progressive?

1. Yesterday I ... (see) a terrible accident.
2. First I ... (hear) the brakes, then I ... (see) the blue car on the wrong side of the road, and then there ... (be) that loud crash.
3. When Mother ... (come) home, I ... (prepare) lunch.
4. I ... (work) in the garden when my parents ... (come) to visit me.
5. Columbus ... (discover) America in 1492.
6. Last Christmas we ... (go) to Austria.
7. At this time yesterday I ... (write) letters.
8. Last year Mrs Jones ... (spend) four weeks in hospital.
9. I ... (watch) too much TV last night.
10. Last Tuesday the Burtons ... (move) into their new house.
11. Sheila ... (be) late again yesterday.
12. He ... (not/go) to school on Wednesday.
13. Mike ... (start) to run, then he ... (turn) left, and then he ... (overtake) his friends.
14. John ... (walk) along the street when he ... (notice) that a stranger ... (follow) him.
15. My father ... (play) football when he ... (be) young.
16. I ... (write) all my Christmas cards last week.
17. I ... (write) Christmas cards when I suddenly ... (remember) to phone Jill.
18. Sally ... (get) a reply from the firm a few days ago.
19. She ... (discuss) the reply with her mother when her father ... (come) home.
20. I ... (wash) my hair when you ... (phone). That's why nobody ... (answer) the phone.

Die Lösungen stehen auf Seite 114.

Fragen im Past Tense – Questions in the Past Tense

zu Tip 74

1. Im **Simple Past** müssen Fragen meist mit 'did' gebildet werden.

   Did you **visit** your grandmother yesterday?
   Besuchtest Du gestern Deine Großmutter?/Hast Du gestern Deine Großmutter besucht?
   When **did** you **leave** school?
   Wann gingst Du von der Schule ab?/Wann bist Du von der Schule abgegangen?

   (Ausnahmen: wie im Present Tense (to) have, (to) be, can, may und who?)

2. Im **Past Progressive** ist die Fragestellung wieder – wie im Present Progressive – ganz einfach, also durch Veränderung der Satzstellung:

   Were you **listening** to the radio when Peter came home?
   Hörtest Du gerade Radio, als Peter nach Hause kam?

Fragen im Simple Past oder Past Progressive

Setze bei den folgenden Fragen entweder das Simple Past oder das Past Progressive ein! Überlege, wann du 'did' verwenden mußt! Die Lösungen stehen auf Seite 115.

1. ... (you/see) Mr Jones in the theatre last night?
2. What ... (you/do) when I phoned?
3. ... (you/play) football at school?
4. ... (be) Sheila late again?
5. ... (he/get) a new bicycle for his birthday?
6. Why ... (you/talk) to that girl while I ... (wait) for you?
7. When ... (you/meet) your wife?
8. ... (he/be) in the bath when I ... (phone)?
9. When ... (your aunt/die)?
10. Who ... (cook) this wonderful dinner?
11. ... (you/remember) to turn out the lights before going to bed?
12. ... (you/work) when I ... (come) home?
13. Who ... (you/be) writing to when I came in?
14. When ... (you/run into) bad weather? ... (be) it on the first or the second day?
15. ... (Helen/finish) her essay last night?
16. How ... (you/manage) to open that tin?
17. Who ... (John/talk) to when we ... (arrive)?
18. ... (you/visit) the Empire State Building while you ... (stay) in New York?
19. Who ... (drive) the car when the accident ... (happen)?
20. What ... (you/do) at 10 o'clock yesterday?

Present Perfect – Die Vergangenheit mit Bezug zur Gegenwart

Im Deutschen gibt es keine Zeit, die genauso gebraucht wird wie das Present Perfect im Englischen.

zu Tip 72

Das Present Perfect wird verwendet, wenn:

a. eine in der Vergangenheit begonnene Handlung noch andauert.

I **have lived** here for ten years.
Ich lebe schon seit zehn Jahren hier.

He **has worked** here since Christmas.
Er arbeitet seit Weihnachten hier.

b. das Ergebnis einer in der Vergangenheit spielenden Handlung jetzt noch wichtig ist.

Look, I'**ve coloured** my hair.
Schau, ich habe mir die Haare gefärbt.

I **have** just **found** the book that Peter lost last week.
Ich habe gerade das Buch gefunden, das Peter letzte Woche verlor.

zu Tip 73

Keywords sind
zu a.:

for (für eine Zeitspanne)
I **have had** a cold **for** six days now.
Ich bin jetzt schon sechs Tage lang erkältet.

since (für einen Zeitpunkt)
My cousin **has been** a doctor **since** 1983.
Mein Vetter ist seit 1983 Arzt.

zu b.:
just, never, ever, already, yet, not yet, up till now

zu Tip 74

Das Present Perfect wird mit 'have/has' und der 3. Form des Verbs gebildet.

I **have seen**/I**'ve seen** her.
He **has spoken**/He**'s spoken** to him.

Present Perfect

Bei dieser Übung kannst Du wieder die unregelmäßigen Verben wiederholen, da Du ja hier die 3. Form kennen mußt! Bei regelmäßigen Verben heißt das einfach Grundform mit angehängtem '-ed'! Die Lösungen stehen auf Seite 115.

1. I hope that ... (you/clean) your room at last, and that Tom ... (do) his homework.
2. After they ... (write) their letters they are going for a walk.
3. You will get more money when you ... (work) here for three months.
4. ... (he/ever/do) his work properly?
5. The German tourists ... (already/see) the Tower of London and Buckingham Palace.
6. Mr Smith ... (fly) to New York three times since July.
7. Mr Brown ... (have) his car for two months now.
8. Our team ... (not/lose) a match since the season began.
9. The Millers ... (be) married for twenty years now.
10. Jim, who is the captain of a large jet plane, ... (cross) the Atlantic many times since 1979.
11. Jane ... (not/write) to her pen-friend Jacky for three weeks.
12. Look at those fantastic shoes! – I ... (already/buy) a pair.
13. How much of your homework ... (you/do) since I went away?
14. This house ... (stand) for many centuries.
15. ... (you/manage) to get the theatre tickets yet?
16. Mr Robson ... (be) the manager for several months now.
17. I ... (never/see) any of Humphrey Bogart's films.
18. But I ... (always/want) to see one.
19. Mrs Green ... (be) very lonely since her husband died.
20. Jenny ... (already/apply) for several jobs, but she ... (not/be) successful so far.

Past Perfect – Die vollendete Vergangenheit

Das Past Perfect wird immer dann verwendet, wenn ein Vorgang beschrieben wird, der vor der Erzählzeit, dem Simple Past, abgelaufen ist. Eine Handlung war in der Vergangenheit schon beendet, als eine andere einsetzte. Du mußt bei der Bildung eines Satzes mit Past Perfect und Simple Past also genau darauf achten, welche Handlung in der Vergangenheit zuerst abgelaufen ist – diese wird mit dem Past Perfect ausgedrückt –, die darauf folgende Handlung wird mit dem Simple Past beschrieben.

zu Tip 72

1. 2.
When Jane **had cleaned** the kitchen she **went** shopping.
Als Jane die Küche geputzt hatte, ging sie einkaufen.

1. 2.
After it **had stopped** raining we **went** for a walk.
Nachdem es zu regnen aufgehört hatte, gingen wir spazieren.

Keywords sind:
before, after, by the time, when

zu Tip 73

Das Past Perfect wird **immer** mit 'had' und der 3. Form des Verbs gebildet.

zu Tip 74

I **had bought**/I'**d bought** . . . .
He **had seen**/He'**d seen** . . . .

Past Perfect oder Simple Past?

Setze in den folgenden Sätzen die richtigen Formen des Past Perfect und des Simple Past ein! Denk immer daran, was als erstes, und was als zweites passiert sein muß! Die Lösungen stehen auf Seite 116.

1. When he . . . (leave) the restaurant, he . . . (realize) that he . . . (forget) his coat.
2. When the police . . . (arrive) the thieves . . . (already/run) away.
3. Laura . . . (lose) her new umbrella shortly after she . . . (buy) it.
4. Dad . . . (ask) me why you . . . (not/wash) the car.
5. The pupils . . . (tell) their teacher that they . . . (all/do) their homework.
6. He . . . (tell) me that he . . . (never/see) you before.
7. We . . . (not/be able) to make the cake until Mary . . . (bring) the eggs.
8. The fire . . . (burn) for two hours when the firemen . . . (arrive).
9. His finger . . . (begin) to bleed immediately after he . . . (cut) himself.
10. He . . . (return) home after he . . . (leave) the office.
11. When Mary didn't arrive on time we . . . (be) afraid that she . . . (lose) her way.
12. The girl . . . (be unable) to tell the police where she . . . (get) the money from.

13. He ... (say) that he ... (not be) to the party.
14. We ... (walk) about a mile when it ... (begin) to rain.
15. The old man ... (die) by the time the doctor ... (arrive).
16. Tony ... (be) late for the match because he ... (miss) his bus.
17. When I ... (meet) Alex, he ... (only/be) a pilot for six months.
18. Mum ... (not/go) to evening classes last night because she ... (not learn) her vocabulary.
19. I ... (not/watch) 'High Noon' on TV last night because I ... (already/see) it twice before.
20. Alan ... (fail) his A-levels because he ... (never/do) enough work.

Future Tense – Die Zukunft

Im Englischen gibt es verschiedene Möglichkeiten, etwas auszudrücken, was in der Zukunft geschehen wird, nämlich:

1. Will-Future
2. Going to-Future
3. Simple Present mit Zukunftsbedeutung
4. Present Progressive mit Zukunftsbedeutung

1. Will-Future

zu Tip 72

Das Will-Future wird dann verwendet, wenn man Vorgänge beschreiben will, die in der Zukunft zwangsläufig oder vermutlich eintreten werden:

a. zwangsläufig: We **will** all **die** some day.
Eines Tages werden wir alle sterben.

b. vermutlich: I don't think she **will write** to us.
Ich glaube nicht, daß sie uns schreiben wird.

zu Tip 73

Keywords sind:
tomorrow, soon, next week/month/year, by (6 o'clock)

zu Tip 74

Das Will-Future wird mit 'will' und der Grundform des Verbs gebildet:

I **will go**/I'**ll go** . . . .
He **will write**/He'**ll write** . . . .

2. Going to-Future

zu Tip 72

Das Going to-Future wird dann verwendet, wenn man

a. eine Absicht ausdrücken will:
I **am going to learn** French next year.
Nächstes Jahr werde ich Französisch lernen.

b. wenn man ein zukünftiges Ereignis ausdrücken will, für das es bereits Anzeichen gibt:
It's very cold today, so it'**s going to snow** soon.
Es ist heute sehr kalt; bald wird es schneien.

Keywords sind die gleichen wie beim Will-Future.

zu Tip 73

Das Going to-Future wird aus der entsprechenden Form von (to) be + 'going to' + dem Vollverb gebildet:

zu Tip 74

I **am**/I'**m**	**going to wait** . . . .
You **are**/You'**re**	**going to swim** . . . .
He **is**/He'**s**	**going to read** . . . .
She **is**/She'**s**	**going to play** . . . .
It **is**/It'**s**	**going to sleep** . . . .
We **are**/We'**re**	**going to eat** . . . .
You **are**/You'**re**	**going to run** . . . .
They **are**/They'**re**	**going to write** . . . .

3. Simple Present mit Zukunftsbedeutung

Das Simple Present mit Zukunftsbedeutung wird dann verwendet, wenn ein zukünftiges Geschehen aufgrund eines Programms oder Fahrplans im voraus festgelegt ist:

zu Tip 72

The train **leaves** at nine o'clock on Friday morning.
Der Zug fährt um neun Uhr am Freitag morgen ab.

Keywords sind die gleichen wie beim Will-Future.

zu Tip 73

4. Present Progressive mit Zukunftsbedeutung

Das Present Progressive mit Zukunftsbedeutung wird dann verwendet, wenn ein zukünftiges Geschehen ganz konkret beschlossen oder geplant ist. Ein 'keyword' ist **immer** dabei.

zu Tip 72

Jim and Jane **are having** a party next Saturday.
Jim and Jane geben nächsten Samstag eine Party.

Keywords sind die gleichen wie beim Will-Future.

zu Tip 73

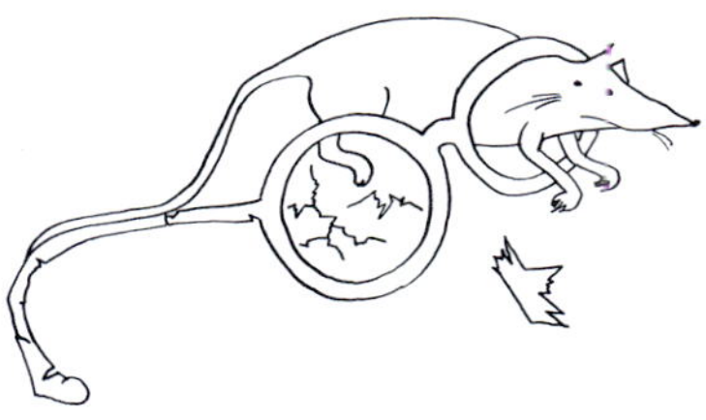

Die Hilfsverben und die modalen Hilfverben – Primary Auxiliaries and Modals

Es gibt **zwei** Sorten von Hilfsverben:

1. Solche, die manchmal alleine stehen (sich also wie ein Vollverb verhalten), häufig aber doch zusammen mit einem Vollverb auftauchen (z. B. um die Zeiten, Fragen und Verneinung zu bilden). Diese sogenannten vollständigen Hilfsverben (primary auxiliaries) sind:

   (to) be – sein
   (to) have – haben
   (to) do – tun

2. Solche, die nie alleine stehen, sondern ausschließlich zusammen mit einem Vollverb. Diese sogenannten unvollständigen Hilfsverben (modal auxiliaries/modals) können nicht alle Zeiten bilden und brauchen deshalb für diese Zeiten **Ersatzformen** (substitutes).

   Die wichtigsten sind:

Simple Present		Simple Past	Ersatzformen
can	können	could	(to) be able to
cannot can't	nicht können	could not	not (to) be able to
must	müssen	→	(to) have to
may	dürfen	→	(to) be allowed to
mustn't may not	nicht dürfen	→	not (to) be allowed to

Beachte bitte auch:

- daß unvollständige Hilfsverben kein ‚s' in der 3. Person Einzahl Gegenwart haben (z. B. He **can** sing.);
- daß unvollständige Hilfsverben in Frage und Verneinung nicht mit (to) do umschrieben werden, wie das bei Vollverben geschehen muß (z. B. **May** I **speak** now, please?/This bird **cannot fly**.);
- daß also alle Hilfsverben zum Fragewort werden können, wenn man sie an den Satzanfang stellt (**Can** you play the guitar?);
- daß unvollständige Hilfsverben immer von einem Vollverb gefolgt werden. Das Vollverb steht in der Grundform (siehe dazu auch Seite 50, 1. Form des Verbs) ohne ‚to' (z. B. I **must do** my homework now./She **couldn't speak** German.).

Hier findest Du noch ein Beispiel, wann und wie die **Ersatzform** eines unvollständigen Hilfsverbs gebraucht wird:

She can swim.	(She is able to swim.)	Simple Present
She could swim.	(She was able to swim.)	Simple Past
	She has been able to swim.	Present Perfect
	She had been able to swim.	Past Perfect
	She will be able to swim.	Will-Future
	She would be able to swim.	Conditional I
	She will have been able to swim.	Future Perfect
	She would have been able to swim.	Conditional II

Beispiel

Wie Du siehst, hat das unvollständige Hilfsverb 'can' nur für das Simple Present und das Simple Past eigene Formen. In allen anderen Zeiten braucht es seine Ersatzform. Diese Ersatzform wird häufig auch schon im Simple Past verwendet.

Die indirekte Rede – Reported Speech

Mit der Reported Speech wird ausgedrückt, was jemand in der direkten Rede gesagt hat. Die Zeitform in der Reported Speech hängt von der Zeit ab, die im einführenden Satz gebraucht wird.
Dies ist ganz einfach, wenn der einführende Satz im Present Tense steht. Dann bleibt nämlich die Zeit in der Reported Speech unverändert:

Direct Speech:
Mr Miller says: "I can't understand her attitude."
Mr Miller sagt: „Ich kann ihre Einstellung nicht verstehen."

Reported Speech:
Mr Miller says (that) he can't understand her attitude.
Mr Miller sagt, daß er ihre Einstellung nicht verstehen könne.

Das 'that' kann in der Reported Speech weggelassen werden. Du solltest es aber verwenden, da Du dadurch siehst, wo die Reported Speech anfängt.
Gleichzeitig ist es eine Hilfe beim Übersetzen!

TIP 76

Wenn der einführende Satz im Past Tense steht, so mußt Du folgendes beachten:

1. Die Zeiten müssen verändert werden:

Direct Speech:		*Reported Speech:*
Simple Present	→	Simple Past
Present Progressive	→	Past Progressive
Simple Past Present Perfect	→	Past Perfect
Will-Future	→	Conditional I

Beispiel

John said: "The weather **is** nice today."	John said (that) the weather **was** nice that day.
Jane remarked: "I **have** never **had** an accident."	Jane remarked (that) she **had** never **had** an accident.
Father said: "I **will go** to the pub this evening."	Father said (that) he **would go** to the pub that evening.

TIP 77

Diese Zeitveränderung kannst Du Dir sicher besser merken, wenn Du die obenstehende Liste – mit Pfeilen! – abschreibst und in Deinem Zimmer aufhängst. Siehe dazu auch Tip 7.

2. Die Fürwörter (Pronomen) müssen verändert werden:

Direct Speech:	*Reported Speech:*
Peter said: "**I** am sorry."	Peter said (that) **he** was sorry.
Katy said: "**I** like beer."	Katy said (that) **she** liked beer.
Mary and Jane: "**We** love rock music."	Mary and Jane said (that) **they** loved rock music.

3. Adverbien, soweit vorhanden, müssen ebenfalls verändert werden:

Direct Speech:	*Reported Speech:*
today →	that day
tomorrow →	the next/following day
next week/year/month etc. →	the following week/year/month/the week after etc.
yesterday →	the day before
last week →	the week before
now →	at that moment/then

Linda said to her teacher: "I can't write the story **tomorrow**."	Linda told her teacher (that) she couldn't write the story **the next day**.
John said to his boss: "I'm writing the report **now**."	John told his boss (that) he was writing the report **at that moment**.

4. Zeigefürwörter (Demonstrativpronomen) müssen entsprechend verändert werden:

Direct Speech:	*Reported Speech:*
here →	there
this →	that
these →	those

Sally: "**This** is my favourite record."	Sally said (that) **that** was her favourite record.
Mr Miller said to his visitor: "My son lives **here**."	Mr Miller told his visitor (that) his son lived **there.**

Die indirekte Rede

Forme die folgenden Sätze aus der direkten Rede in die indirekte Rede um. Denk daran, 'told' (oder ein anderes passendes Verb) in der indirekten Rede zu verwenden! Die Lösungen stehen auf Seite 116.

1. John to Jerry: "Mum is already here."
2. Mary to her Mum: "I'll look after the two boys."
3. Susan to Jill: "I'll invite all my friends to my garden party next week."
4. The policeman to Mr Green: "You'll have to pay a fine because you didn't stop in time."
5. Mr Brown to his wife: "I'm late because there was a traffic jam in Oxford Street."
6. Mrs Johnson to a neighbour: "I'm afraid I can't come tomorrow."
7. Helen to Jane: "I was at home last weekend."
8. Peter to Tim: "I have never eaten anything better than this."
9. Alan to his boss: "I was ill yesterday."
10. Mr Jones to his wife: "We'll have to paint the garage doors soon."

11. Anne to Pam: "I think I'm in love with Mike."
12. Fred to his dog: "You're a bad boy."
13. The elephant to the mouse: "You're very small."
14. The mouse to the elephant: "I don't like big animals."
15. The elephant to the mouse: "I don't care what you think."

Fragen in der indirekten Rede – Questions in Reported Speech

Bei den Fragen in der indirekten Rede ändern sich die Zeiten des Verbs genauso wie bei den bereits besprochenen Aussagesätzen. Darüber hinaus gibt es aber noch weitere Veränderungen:

1. Die Stützwörter 'do, does und did', die bei Fragen im Simple Present und Simple Past meist benutzt werden müssen, werden in der indirekten Rede nicht gebraucht:

   Mr Smith asked his wife: "**Did** you **buy** that new book for me?"
   Mr Smith asked his wife if she **had bought** that new book for him.

2. a) Wie Dir vielleicht im vorangegangenen Beispiel aufgefallen ist, kommt in der indirekten Rede in manchen Fragen noch das Wort 'if' (ob) vor. Das ist dann der Fall, wenn im Fragesatz in der direkten Rede kein Fragewort steht.
   b) Beginnt dagegen die Frage in der direkten Rede mit einem Fragewort – 'who, what, why, when, where, how, whose' – so benutzen wir es auch in der indirekten Rede:

   Peter asked Johnny: "Where **did** you **meet** Heather?"
   Peter asked Johnny where he **had met** Heather.

Fragen in der indirekten Rede

Bei den folgenden Sätzen, die Du von der direkten Rede in die indirekte Rede umformen sollst, mußt Du Dich nochmal an alle Regeln erinnern, die Du zu diesem Thema gelernt hast, d. h. an die Veränderung der Zeiten und an die besonderen Regeln, die zu den Fragen zu beachten sind! Die Lösungen stehen auf Seite 117.

1. John to Mr Miller: "Do you close at six o'clock?"
2. Bob to Jack: "Where did you get your new pair of jeans?"
3. Mum to Jill: "Have you washed the dishes?"
4. Jill to Mum: "Why isn't Dad here yet?"
5. Customer to shop assistant: "Where can I find the umbrellas, please?"
6. Teacher to pupils: "Who knows any sights of London?"
7. Housewife to butcher: "How much is your beef today?"
8. Teacher to pupils: "Is Peter in here?"
9. Policeman to driver: "Didn't you notice the traffic lights?"
10. Policeman to driver: "Can I see your licence?"
11. Policeman to driver: "How many pints have you had?"
12. Jane to Susan: "Do you work here?"

13. John to me: "What are you doing?"
14. Mary to Janet: "Do you like this record?"
15. Janet to John: "Are you going to see your parents tomorrow?"
16. Liz to Jerry: "Where did you get that super pullover?"
17. Peter to his Mum: "Don't you like the music?"
18. Mary to Mike: "Are you going swimming tomorrow?"
19. Tim to Sam: "How tall are you?"
20. Teacher to pupils: "Why haven't you done your homework?"

Die Bedingungssätze – If-clauses

Immer wenn man über Dinge berichtet, die unter bestimmten Voraussetzungen geschehen, werden Bedingungssätze (if-clauses) gebildet.

Im Englischen gibt es vier verschiedene Arten von if-clauses:

If-clause 1

Regel: Wenn bei einer bestimmten Bedingung etwas sicher eintritt, oder eine Gewohnheit zum Ausdruck kommt, von der jemand nicht abweicht, wird die erste Art der if-clauses benutzt.

Bildung: Im Nebensatz, der immer mit der Bedingung, also 'if' (oder auch 'even if', 'in case', 'unless', 'even though' etc.) beginnt **und** im Hauptsatz steht das Verb im Simple Present.

If the temperature **is** below zero, water **freezes**.
Wenn die Temperatur unter Null ist, gefriert Wasser. (Naturgesetz!)
If Jane **travels** in a bus, she **gets** sick.
Wenn Jane mit dem Bus fährt, wird ihr schlecht.

If-clause 2

Regel: Wenn es wahrscheinlich ist, daß bei einer bestimmten Bedingung etwas eintritt, wird die zweite Art der if-clauses benutzt.

Bildung: Im if-Satz steht das Verb im Simple Present, im Hauptsatz im Will-Future (will + 1. Form des Verbs).

If you **hurry**, you **will catch** the train.
Wenn Du Dich beeilst, erreichst Du den Zug noch.
If it **stops** raining, I'**ll go** for a walk.
Wenn es zu regnen aufhört, gehe ich spazieren.

If-clause 3

Regel: Wenn es unwahrscheinlich ist, daß etwas eintritt, wird die dritte Art der if-clauses benutzt.

Bildung: Im if-Satz steht das Verb im Simple Past, im Hauptsatz im Conditional I (would + 1. Form des Verbs).

If I **were** a millionaire, I **would buy** a sailing boat.
Wenn ich Millionär wäre, würde ich ein Segelboot kaufen.
If she **had** a lot of money, she **would travel** round the world.
Wenn sie viel Geld hätte, würde sie um die Welt reisen.

If-clause 4

Regel: Wenn eine Bedingung nicht mehr erfüllt werden kann, wird die vierte Art der 'if-clauses' benutzt.

Bildung: Im if-Satz steht das Verb im Past Perfect (had + 3. Form des Verbs), im Hauptsatz steht das Verb im Conditional II (would have + 3. Form des Verbs).

If I **had seen** him, I **would have warned** him.
Wenn ich ihn gesehen hätte, hätte ich ihn gewarnt.
If I **had known** that, I **wouldn't have visited** him.
Wenn ich das gewußt hätte, hätte ich ihn nicht besucht.

Wie schon bei den 'keywords' zu den Zeiten und den Zeitenveränderungen in der Reported Speech, wirst Du Dir die Zeitenfolge in den 'if-clauses' auch besser einprägen, wenn Du sie auf einen Zettel schreibst und über Deinem Schreibtisch aufhängst.
Dieser Zettel könnte so aussehen:

	If-clause	+	Main clause
If-clause 1:	Simple Present	+	Simple Present
If-clause 2:	Simple Present	+	Will-Future
If-clause 3:	Simple Past	+	Conditional I
If-clause 4:	Past Perfect	+	Conditional II

Achtung! Der Bedingungssatz kann auch einmal mit dem 'main clause' anfangen (I'll go for a walk if it stops raining.).

Vervollständige die Bedingungssätze!

Bei den folgenden Sätzen sollst Du die Lücken mit den Verben füllen, die in Klammern stehen. Überlege genau, welche der Bedingungen zutrifft. Hierbei kannst Du auch wieder einmal die unregelmäßigen Verben wiederholen! Die Lösungen stehen auf Seite 117.

1. If you do that again, I . . . (hit) you.
2. If I had more money, I . . . (buy) a new car.
3. If you . . . (see) him, you would have been able to tell him the news.
4. If I . . . (meet) them, I'll give them the presents.
5. Thin ice breaks, if you . . . (walk) on it.
6. If you . . . (learn) the vocabulary, your test would have been better.

7. If I ... (be) a queen, I would live in a palace.
8. If he had not talked to her, she ... (not miss) the train.
9. If you ... (buy) a proper pen, your writing would be better.
10. They always play football on Fridays, if the weather ... (be) fine.
11. If you go to see Dr Jones, he ... (help) you.
12. If I ... (know) the answer, I would have told you.
13. If he had come yesterday, he ... (get) a shock.
14. Plants ... (grow) quickly, if you water them regularly.
15. If I were you, I ... (not go) there.
16. If I told you a secret, ... (you/promise) not to tell anyone?
17. If we ... (go) on strike next week, we will all have less money.
18. If you ... (throw) something into the air, it ... (come) down again.
19. I wouldn't have come if I ... (know) you were ill.
20. I'll come again tomorrow if you ... (want) me to.

Eigenschaftswörter (Adjektive) und deren Steigerung – Adjectives and the Comparison of Adjectives

Mit Adjektiven werden die **Eigenheiten** von Hauptwörtern (Nomen) erklärt:

He is a **big** boy.
Er ist ein großer Junge.
She is an **intelligent** girl.
Sie ist ein intelligentes Mädchen.

Adjektive können **gesteigert** werden:

Jane is **nicer** than Sandra.
Jane ist netter als Sandra.
Our kitchen is the **most expensive** one you can buy.
Unsere Küche ist die teuerste, die man kaufen kann.

Im Englischen gibt es **zwei** Arten der Steigerung:

1. Steigerung auf ‚-er‘ und ‚-est‘:
   a. alle einsilbigen Adjektive:

long	long**er**	(the) long**est**
big	bigg**er**	(the) bigg**est**

   b. zweisilbige Adjektive mit den Endungen ‚-ow‘, ‚-er‘, ‚-le‘, ‚-y‘:

simple	simpl**er**	(the) simpl**est**
busy	bus**ier**	(the) bus**iest**

2. Steigerung mit ‘more’ und ‘(the) most’:
   a. fast alle zweisilbigen Adjektive, die **nicht** auf ‚-ow‘, ‚-er‘, ‚-le‘, ‚-y‘ enden:

modern	more modern	(the) most modern
stupid	more stupid	(the) most stupid

   b. alle Adjektive mit mehr als zwei Silben:

interesting	more interesting	(the) most interesting
expensive	more expensive	(the) most expensive

TIP 80

Wenn Du Dir das künstliche Wort **‘owerley’** gut einprägst, weißt Du immer welche Steigerung Du verwenden mußt!

MERKE

Bei sechs Adjektiven, die man sich leicht merken kann, gibt es eine unregelmäßige Steigerung:

good	better	(the) best	gut
bad	worse	(the) worst	schlecht
much	more	(the) most	viel
many	more	(the) most	viele
little	less	(the) least	wenig
little	smaller	(the) smallest	klein
old	older	(the) oldest	alt (Aussehen)
old	elder	(the) eldest	alt (Verwandschaftsgrad)

Umstandswörter (Adverbien) und deren Steigerung – Adverbs and the Comparison of Adverbs

Mit dem Adverb wird ein Verb oder ein Adjektiv genauer bestimmt bzw. beschrieben.

1. Arten der Adverbien

a. Manche Adverbien bestimmen die Art und Weise, wie etwas gemacht wird (Verb):

Dad drives **slowly.**
Papa fährt langsam.

b. Manche Adverbien bestimmen **eine Eigenschaft (Adjektiv):**

She is an **extremely** nice girl.
Sie ist ein außerordentlich nettes Mädchen.

c. Manche Adverbien bestimmen **einen ganzen Satz:**

Luckily he realized that there was no petrol in his tank before he started.
Glücklicherweise bemerkte er, daß er kein Benzin im Tank hatte, bevor er losfuhr.

2. Die Stellung der Adverbien im Satz

Adverbien können an verschiedenen Stellen im Satz stehen:

a. Am Anfang:	**Suddenly** Maggie began to scream. Plötzlich fing Maggie an zu schreien.
b. Am Ende:	Did you see Peter **yesterday**? Hast Du Peter gestern gesehen?
c. Innerhalb des Satzes:	Dad has **never** tried pizza. Papa hat noch nie Pizza probiert.

Hierzu gibt es eine Faustregel. Da das Adverb sehr oft **hi**nter dem **Hi**lfsverb und **vo**r dem **Vo**llverb steht, kannst Du Dir das künstliche Wort **‚hiHi-voVo'** merken.

3. Die Bildung der Adverbien

Wird ein Adverb von einem Adjektiv abgeleitet, so wird an das Adjektiv ein ‚**-ly**' angehängt:
nice**ly** hopeful**ly** cheap**ly**

Wie so oft, gibt es auch hier Ausnahmen:

good – wird zu 'well'
fast – hier bleibt das ‚-ly' weg, also 'fast'
hard – bleibt auch gleich, da 'hardly' eine andere Bedeutung (kaum) hat.

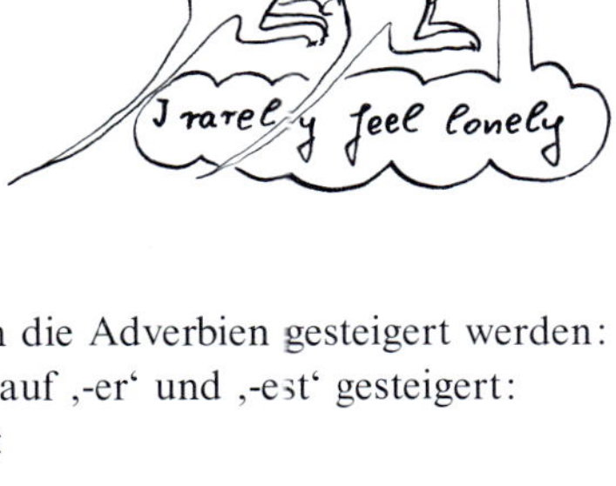

4. Die Steigerung des Adverbs

Wie die Adjektive können auch die Adverbien gesteigert werden:
a) einsilbige Adverbien werden auf ‚-er' und ‚-est' gesteigert:
soon soon**er** (the) soon**est**

b) zwei- und mehrsilbige Adverbien werden mit 'more' und '(the) most' gesteigert:
carefully **more** carefully **(the) most** carefully

Auch hier gibt es wieder einige Besonderheiten:

well	better	(the) best	gut
far	farther further	(the) farthest (the) furthest	weit
badly	worse	(the) worst	schlecht
a little	less	(the) least	ein wenig
much/a lot	more	(the) most	viel

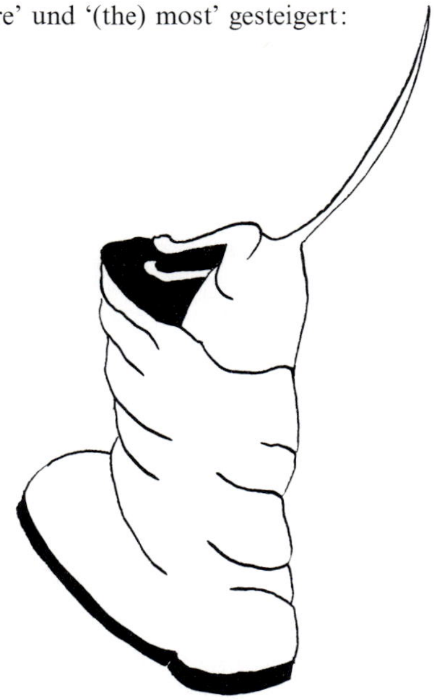

Adjektiv oder Adverb?

Fülle in den folgenden Sätzen die Lücken entweder mit einem Adjektiv oder einem Adverb. Lies vorher noch einmal die Regel dazu durch. Die Lösungen stehen auf Seite 118.

1. Tom is much ... (tall) than Bill.
2. The thieves had ... (obvious) opened the windows ... (careful).
3. Last winter it snowed ... (heavy).
4. I hope your mother feels ... (good) again.
5. It is a ... (beautiful) day today.
6. My grandfather has always worked ... (hard).
7. Charlie, who won the competition, smiled ... (happy).
8. Fiona is very ... (good) at German.
9. The doors of a train open and close ... (automatic).
10. Kevin is a ... (bad) pupil, Sam is even ... (bad), but Tim is ... (bad) of all.
11. You look so tired. You should work ... (little).
12. It's ... (awful) cold today.
13. That is the ... (beautiful) rose I've ever seen.
14. It is ... (real) nice of him to help his grandparents.
15. She is such a ... (pretty) girl, but she doesn't dress ... (pretty).
16. I think I drive more ... (careful) than you.
17. Mrs Webb ... (sudden) began to cry.
18. Manchester is ... (far) from London than Birmingham.
19. Which is ... (expensive) – the holiday in Spain or the holiday in Greece?
20. Northumberland Street is the ... (busy) street in Newcastle.

Die Wortstellung im englischen Satz – Word Order

Die normale Wortstellung im Englischen ist:

Subject – Verb – Object (**S**traßen-**V**erkehrs-**O**rdnung)

1. Aussagesatz – positive sentence:

S	**V**	**O**
Peter	plays	football.
Mary	is writing	a test.
Paul	can speak	French.

2. Verneinter Satz – negative sentence:

Der verneinte Satz wird mit einem Hilfsverb + not gebildet. Wenn kein anderes Hilfsverb da ist, muß eine Form von '(to) do' (do, does, did) verwendet werden. Die Verneinung muß zwischen dem Subjekt und dem Verb stehen:

S	**Hilfsverb + not**	**V**	**O**
The Smiths	can't	visit	the zoo.
The girls	aren't	playing	rugby.
John	doesn't	like	beer.

Zu den Hilfsverben siehe auch Seite 72.

3. Fragesatz – question:

a. Für die Frage braucht man ein Hilfsverb, außer wenn nach dem 'Subject' gefragt wird.
b. Wenn kein Hilfsverb da ist, so muß man, wie bei der Verneinung, eine Form von '(to) do' (do, does, did) verwenden. Ist ein Fragewort vorhanden, so kommt dies an den Anfang. Die Reihenfolge S – V – O bleibt:

Fragewort	**Hilfsverb**	**S**	**V**	**O**
Where	have	they	been?	
	Has	Peter	got	the tickets?
	Can	you	speak	English?
Who			knows	that man?
Why	didn't	you	visit	Sandra?
	Do	you	like	ice-cream?

Das Passiv – The Passive

Mit dem Passiv hebt man die Person oder die Sache hervor, mit der etwas geschieht:

The windows have not **been painted** for ten years.
Die Fenster sind seit zehn Jahren nicht mehr gestrichen worden.

The thief was taken to the police station.
Der Dieb wurde ins Polizeirevier gebracht.

Das Passiv wird mit einer Form von '(to) be' und der 3. Form des Verbs gebildet. Die entsprechende Form von '(to) be' drückt die Zeit aus, während sich die 3. Form des Verbs **nie** ändert:

Simple Present:	The cars	**are**	**made**	in the Birmingham factory.
Present Progressive:	The doors	**are being**	**painted**	this morning.
Simple Past:	The winners	**were**	**announced**	yesterday.
Past Progressive:	Lunch	**was being**	**prepared**	when I arrived.
Present Perfect:	This record	**has been**	**played**	quite a lot recently.
Past Perfect:	The solution	**had been**	**found**	by the time I arrived.
Will-Future:	The house	**will be**	**sold**	as soon as possible.
Conditional I:	A street	**would be**	**built**	if it was necessary.

TIP 82

In der Zeitenübersichtstabelle ab Seite 54 findest Du alle Aktiv- und Passivzeitformen eines Verbs.

Wenn man den Urheber einer Handlung (wer oder was etwas ausführt) erwähnen soll, so wird er mit ‚by' angeschlossen:

Decisions are made **by the sales manager**.
Entscheidungen werden vom Verkaufsleiter getroffen.

The roof was damaged **by lightning**.
Das Dach wurde vom Blitz beschädigt.

The question is being discussed **by Parliament** at the moment.
Die Frage wird momentan im Parlament besprochen.

Häufig verwendet man das Passiv bei Zeitungsnachrichten und Reportagen. Siehe dazu auch Seite 37, Aufgabenbereich 19: Zeitungsartikel und Berichte schreiben.

The house was destroyed by fire. The family living on the second floor was taken to hospital.
Das Haus wurde durch Feuer zerstört. Die Familie, die im zweiten Stockwerk wohnte, wurde ins Krankenhaus gebracht.

Wenn Du einen Aktivsatz in einen Passivsatz umformen möchtest, mußt Du folgendes beachten:

Das Objekt des Aktivsatzes wird zum Subjekt des Passivsatzes. Das Subjekt des Aktivsatzes wird, mit 'by' angeschlossen, zum Objekt des Passivsatzes.

Subjekt	**Verb**	**Objekt**
Mick-Mouse	ate	the apple.
The apple	was eaten	by Mick-Mouse.

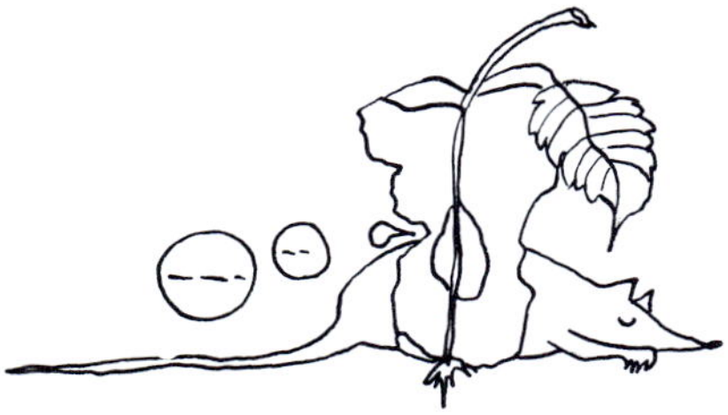

Forme ins Passiv um und vervollständige!

A. Forme folgende Aktivsätze in Passivsätze um. Die Lösungen stehen auf Seite 118.

1. In 1666, a fire destroyed a large part of London.
2. Jill will prepare the meal.
3. Dad is repairing my bike.
4. Indians make these baskets.
5. The MPs have discussed the problem.
6. Sandra will type the letters.
7. The disc jockey chose the records.
8. Mike warned Tony.
9. The police have arrested the killer.
10. Sascha plays the piano.

B. Fülle bei den folgenden Sätzen die Lücken mit der richtigen Passivform. Die Lösungen stehen auf Seite 118.

1. Yesterday a woman ... (run) over by a car in Fleet Street.
2. Mr Johnson's van ... (repair) twice since August.
3. The writer hopes that his new book ... (buy) by lots of people.
4. Every day hundreds of people ... (kill) in accidents.
5. At midnight the TV ... (switch off) by Mum.
6. Mr Smith, who is very ill, ... (take) to hospital tomorrow.
7. Butter, milk, sugar, eggs, and flour ... (use) to make pancakes.
8. In 1849, gold ... (find) in California.
9. Our car ... (not clean) for five weeks.
10. German ... (teach) at many English schools.

8. Der Ideenmarkt für den Englischunterricht

In diesem Kapitel sind eine Reihe von Ideen zusammengestellt, die Deinen Englischunterricht interessanter und noch wirkungsvoller machen können. Vielleicht bringst Du die eine oder andere Idee einmal im Unterricht ein. Dein Lehrer wird umso lieber auf Deine Vorschläge eingehen, wenn Du Dich vielleicht zusammen mit einigen „Mitstreitern" aus der Klasse bereit erklärst, aktiv bei der Verwirklichung mitzuwirken.

Die Gestaltung des Klassenzimmers

Man lernt lieber und leichter, wenn im Klassenzimmer (und natürlich auch zu Hause in Deinem Arbeitsraum) Dinge wiederzufinden sind, die etwas mit dem Fach, für das man „büffelt", zu tun haben. Hier einige Tips, wie das für das Fach Englisch aussehen könnte:

TIP 83

Sammelt ältere Singles und hängt sie an unterschiedlich langen Fäden an der Decke einer Klassenzimmerecke auf. Ihr gestaltet so eine Art Mobile aus Schallplatten, das sich ständig bewegt und hübsch aussieht. Und wo hören wir täglich das meiste Englisch? Doch ganz offensichtlich von Schallplatten, die im Radio gespielt und von uns aufgenommen werden. Versucht es – Ihr werdet ein ganz anderes „Klassenzimmerfeeling" bekommen.

TIP 84

Hängt eine Originalfahne eines oder mehrerer englischsprachiger Länder an der Wand auf. Fragt im Freundes- und Bekanntenkreis nach, wenn Ihr selbst keine besitzt. Auch bei den Fremdenverkehrsämtern (siehe den folgenden Tip) kann man um Mithilfe bitten. Man kann aber auch auf einem DIN A 2 oder DIN A 1 Zeichenkarton selbst Fahnen anfertigen.

TIP 85

Erstellt einmal eine englischsprachige Wandzeitung mit vielen Bildern. Material bekommt man aus Reiseprospekten und von den Fremdenverkehrsämtern. Hier einige Anschriften:

Fremdenverkehrsamt der USA
Bethmannstr. 56
6000 Frankfurt/Main 1

United States Information Service
USIS
Deichmanns Aue 29
5300 Bonn 2

British Tourist Authority
Taunusstr. 52
6000 Frankfurt/Main 1

ATC-Australische Fremdenverkehrszentrale
Neue Mainzer Straße 22
6000 Frankfurt/Main 1

Kanadisches Fremdenverkehrsamt
Taunusstr. 52
6000 Frankfurt/Main 1

Mögliche Themen für die Wandzeitung:
- Wie kommt man nach London/New York usw.?
- Was kostet die Reise?
- Was kann man dort unternehmen?
- Welche billigen Reisemöglichkeiten gibt es dort?
- Welche Freizeitgestaltungsmöglichkeiten gibt es dort?
- Wie kann man dort jobben?
- Wie sieht das Schulleben dort aus?

TIP 86

Zeichnet ein Riesenposter! Klebt mit einem breiten Klebeband mehrere DIN A 0 Kartons auf der Rückseite aneinander. Bittet Kunstlehrer um Material- und etwaige Zusatzhilfe. Übrigens: auch zusammengeklebte Tapetenbahnen kann man auf der Rückseite bemalen. Hier ein paar Ideen:

Great Britain

- englische Telefonzelle
- roter Doppeldeckerbus (in die Fenster Fotos der Mitschüler aus der Klasse kleben)
- typisch englisches Verkehrszeichen
- Big Ben (oder ein anderes berühmtes Bauwerk)

United States

- amerikanische Telefonzelle
- einen Wolkenkratzer (vielleicht das World Trade Center)
- die Golden Gate Bridge in San Francisco (oder ein anderes berühmtes Bauwerk)
- einen Superhamburger (aus dem vielleicht die Mitschüler rausgucken)

TIP 87 Legt eine englischsprachige Klassenbibliothek an, in der jeweils ein ein- oder zweisprachiges Wörterbuch, englische oder amerikanische Jugendzeitschriften, Lektüren aus Verlagen und Übungsmaterialien zum Englischunterricht nicht fehlen dürfen. Letztere sind besonders gut in Hohl- oder Vertretungsstunden zu nutzen.

The English Info-Board

TIP 88 Regt doch einmal die Anschaffung eines englischsprachigen Informationsbrettes für die ganze Schule an. Das könntet Ihr auch über die SMV organisieren. Hier fänden Nachrichten ihren Platz, die für alle Schüler von Interesse sind: Austauschprogramme, Berichte und Ausstellungen bestimmter Projekte aus dem Englischunterricht einzelner Klassen, Wandzeitungen zu verschiedenen Themen.

Projekte im Englischunterricht

TIP 89 Hier sind einige Vorschläge, die Ihr mit Eurem Englischlehrer besprechen könntet:

1. Entwickeln und Einstudieren einer Show (mit Songs und Sketchen).
2. Einstudieren eines englischsprachigen Theaterstücks.
3. Planung und Durchführung eines Besuches in einer amerikanischen oder englischen Schule der jeweiligen Streitkräfte in der Bundesrepublik.
4. Planung und Durchführung von Interviews in englischer Sprache auf einem Flughafen (schon ab der 6. Klasse machbar).
5. Vorbereitung und Durchführung einer Englandfahrt oder eines Schüleraustausches.
6. Planung und Durchführung einer englischen Teeparty oder englischen Weihnachtsfeier (Teegebäck, Tee, Mistelzweige, Papierhütchen, Gitarre, Spiele und Rätsel, die zu Weihnachten passen, mitbringen; den Lehrer um Mithilfe und weitere Ideen bitten.).
7. Beschäftigung mit einem Project Book (z. B. Topics **Comics**, Diesterweg Verlag, Frankfurt, Nr. 3-425-03976-8).
8. Schreiben und Filmen einer eigenen Pop-Video Produktion.

Songs und Spiele im Englischunterricht

TIP 90

Gerade von Liedtexten und mit Lern- und Rollenspielen kann man im Englischunterricht besonders intensiv lernen, weil man mit viel Spaß und Interesse bei der Sache ist. Ihr solltet immer wieder einmal einen Liedtext (vielleicht zusammen mit der Aufnahme auf Kassette) in den Unterricht mitbringen. Eine reiche Auswahl von über 100 Spielen, die sich besonders gut für den Einsatz im Englischunterricht eignen, findet Ihr in dem Band:

R. Löffler, W.-M. Kuntze: **Spiele im Englischunterricht 2**
Beltz Verlag Weinheim und Basel, Bestellnummer 3-407-25051-7.

Tips zum Aufenthalt in GB oder in den USA als Schüler

TIP 91

Nach Deiner Schulzeit kannst Du für einen kürzeren oder längeren Zeitraum in England oder USA als Au-pair-Mädchen oder -Junge arbeiten. Die meisten Verträge werden für die Dauer eines Jahres abgeschlossen. Du arbeitest im Ausland im Haushalt einer Familie mit. Die Betreuung von Kindern und Haustieren sowie leichtere Hausarbeiten werden mit Unterkunft, Verpflegung und einem Taschengeld honoriert. Es bleibt immer noch genügend Zeit für eigene Aktivitäten. Informationen, Vorschläge und Anmeldeunterlagen – auch über andere Jobmöglichkeiten – erhältst Du über:

Zentralstelle für Arbeitsvermittlung
Auslandsabteilung
Feuerbachstraße 42–46
6000 Frankfurt a. M.
Tel. 0 69/7 11 11

oder

Gesellschaft für internationale
Jugendkontakte e. V.
Postfach 20 05 62
5300 Bonn 2
Tel. 02 28/32 10 71

TIP 92

Während Deiner Schulzeit kannst Du natürlich mit einer der vielen organisierten Ferienschulen nach England oder in die USA reisen. Es gibt aber auch noch eine ganze Reihe anderer Möglichkeiten:
Ruf einmal beim Staatlichen Schulamt oder dem Oberschulamt an und erkundige Dich nach regionalen Möglichkeiten, ins englischsprechende Ausland während der Ferien zu gelangen. Meist werden solche Fahrten recht preisgünstig zentral von einer Behörde für ein ganzes Bundesland organisiert.

Hier die Anschriften der jeweils zuständigen Stellen:

Baden-Württemberg
Internationaler Schüleraustausch im Oberschulamt Stuttgart, 7000 Stuttgart 1, Breitscheidstraße 42

Bayern
Bayerischer Jugendring, 8000 München 2, Herzog-Heinrich-Straße 7, Postfach 20 06 03

Berlin
Pädagogischer Austauschdienst, 5300 Bonn, Nassestraße 8

Brandenburg
Ministerium für Bildung, Jugend und Sport, Heinrich-Mann-Allee 107, 0-1560 Potsdam

Bremen
Der Senator für Bildung, 2800 Bremen 1, Rembertiring 8–12

Hamburg
Behörde für Schule, Jugend und Berufsbildung, 2000 Hamburg 76, Postfach 58 81

Hessen
Der Regierungspräsident in Darmstadt, 6100 Darmstadt, Postfach 740, Luisenplatz

Mecklenburg-Vorpommern
Kultusministerium, Werderstraße 124, 0-2750 Schwerin

Niedersachsen
Kultusministerium, 3000 Hannover, Schiffgraben 12

Nordrhein-Westfalen
Beauftragter des Kultusministers des Landes Nordrhein-Westfalen für den Schüleraustausch beim Regierungspräsidenten in Düsseldorf, 4000 Düsseldorf 30, Georg-Glock-Str. 4

Rheinland-Pfalz
Rheinland-Pfalz Kultusministerium, 6500 Mainz, Postfach 32 20, Mittlere Bleiche 61

Saarland
Saarländisches Ministerium für Kultur, Unterricht und Volksbildung, 6600 Saarbrücken

Sachsen
Kultusministerium, Archivstraße 1, 0-8060 Dresden

Sachsen-Anhalt
Ministerium für Bildung, Wissenschaft und Kultur, Olvenstädter Straße 1–2, 0-3080 Magdeburg

Schleswig-Holstein
Landesschulamt Schleswig-Holstein, 2300 Kiel, Postfach 31 09

Thüringen
Kultusministerium, Johann-Sebastian-Bach-Str. 1, 0-5085 Erfurt

TIP 93

Der „Studienkreis" verschickt die im Auftrag des Bundesministeriums für Jugend, Familie und Gesundheit herausgegebene Broschüre „Internationale Begegnungen/Übersee". Sie enthält Informationen über USA-Programme unterschiedlicher, auch kommerzieller, Veranstalter, die sich hauptsächlich an Jugendliche, aber auch an Erwachsene richten, über Begegnungs- und Studienreisen, Ferienaufenthalte, Kultur- und Sporttreffen, Sprachkurse etc.:

Studienkreis für Tourismus e. V.
Dampfschiffstraße 2
8130 Starnberg

TIP 94

Studienfahrten nach London mit Schülergruppen oder ganzen Klassen organisiert die Lehrer- und Elternvereinigung EFCASELS. Der Leiter ist Herr Verheyen. Man wohnt in englischen Familien. Anreise, Dauer des Aufenthalts und inhaltliche Ausgestaltung sind selbst bestimmbar. Je mehr Teilnehmer es sind, desto günstiger wird der Preis.

Norbert Verheyen
Keltenstraße 22
6551 Rüdesheim
Tel. 06 71/3 58 35

9. Extra Informationen

Tips zu Klassenarbeiten und Prüfungen

TIP 95

Am Tag vor Klassenarbeiten oder anderen Prüfungen geh nicht zu spät ins Bett. Ausgeruht sein hilft weiter! Arbeite nicht bis zur letzten Minute! Du behältst den Stoff viel besser und gehst mit ruhigem Gewissen in eine Arbeit, wenn Du Dich an mehreren Tagen gleichmäßig vorbereitet hast. Das stärkt Deine Selbstsicherheit. Du hast alles Dir mögliche getan!

TIP 96

Während einer längeren Klassenarbeit oder sonstigen Prüfung hilft eine **Konzentrationsübung**, Deine geistigen Kräfte wieder zu aktivieren:
Setze Dich kerzengerade auf Deinen Stuhl, den Rücken fest an der Lehne. Leg die Arme auf die Beine oder die Tischplatte, je nachdem, was für Dich bequemer ist. Stelle beide Füße nebeneinander fest auf den Boden. Schließe nun für eine oder zwei Minuten die Augen und versuche, diese Situation zu genießen. Freue Dich darüber, daß Du Deinen Körper spürst. Denke daran, daß alle anderen im Klassenzimmer auch nur Menschen sind – auch der Lehrer. Lächle ein wenig und entspanne.
Du wirst sehen – das wirkt. Du gehst mit neuer Spannkraft an die Arbeit!

TIP 97

Markiere Wörter oder Satzteile im Text, bei denen Du unsicher bist (z. B. mit einem Punkt oder einem kleinen Kreuz). Bring die gleiche Markierung auch auf dem Seitenrand an. Beim Durchlesen findest Du alle kritischen Stellen schnell wieder und kannst sie Dir nochmals durch den Kopf gehen lassen. Diese Technik klappt auch besonders gut beim Diktat – Du verlierst den Anschluß nicht und kannst später in Ruhe überlegen.

TIP 98

Lies Deine Arbeit am Schluß nochmals ruhig und kritisch durch, so, als sei es nicht Dein eigener Text und als müßtest Du noch Fehler finden.

Tips zur Benutzung eines Wörterbuches

Die Benutzung Deines Wörterbuches solltest Du intensiv üben. Weißt Du, daß Du neben der **Wortbedeutung** und der **Schreibweise** eines Wortes auch die **Aussprache** und **grammatische Informationen** in Deinem Wörterbuch finden kannst? Nachfolgend einige Tips und Hinweise auf Übungen, die Du mit Lernpartnern (Freunden, Geschwistern, Eltern ...) einmal ausprobieren solltest. Übung macht auch hier den Meister!

Zum schnellen Auffinden eines gesuchten Wortes ist die **Beherrschung des Alphabets** notwendig. Auch wenn das ganz selbstverständlich klingt – jeder kann darin noch besser werden! Oft mußt Du ja auch auf den zweiten, dritten oder vierten Buchstaben eines Wortes beim Aufsuchen achten, wenn mehrere Worte mit den gleichen Buchstaben anfangen:

dark / darling / darn / dart

Ihr könnt Euch gegenseitig auf Schnelligkeit testen, indem einer aus der Lerngruppe ein deutsches oder englisches Wort nennt und derjenige Sieger ist, der es zuerst in seinem Wörterbuch gefunden hat.

Die **Lautschrift** steht in eckigen Klammern hinter dem jeweiligen englischen Stichwort. Sie hilft Dir, ein Wort richtig auszusprechen. In neueren zweisprachigen Wörterbüchern ist die Lautschrift auch hinter deutschen Wörtern angegeben (z. B. für deren Verwendung durch Ausländer). Für Dich ist das eine tolle Hilfestellung, das Lesen und Aussprechen der Lautschrift zu üben, da Du die Aussprache der deutschen Worte ja kennst. Die Lautschrift ist weltweit die gleiche. Im Beispiel werden Dir auch zwei Zeichen auffallen, die häufig in der Lautschrift auftauchen – der kleine schräge Strich (ˈ), der angibt, wo ein Wort betont wird, und der Doppelpunkt (ː), der angibt, wo ein Laut gedehnt ausgesprochen werden muß.

menu [ˈmenjuː] Speisekarte
sparen [ˈʃpɑːrən] to save

TIP 101

Wörterbücher verwenden eine Menge von **Zeichen** und **Symbolen,** um Platz zu sparen und übersichtlich zu bleiben. Hier einige besonders wichtige:

Beispiel

römische Zahlen nennen die **Wortart**, z. B.

I tr bedeutet: transitives **Verb** (Tätigkeitswort, das ein Passiv bilden kann)
II itr: intransitives **Verb** (Tätigkeitswort, das kein Passiv bilden kann)
III s: **Substantiv** (Hauptwort)

arabische Zahlen nennen grundlegend **verschiedene Bedeutungen**

Aussprache (siehe TIP 100)

rec·ord [rɪ'kɔ:d] **I** *tr* **1.** auf-, verzeichnen; dokumentieren; eintragen; **2.** protokollieren; niederschreiben; **3.** *(Protest)* zum Ausdruck bringen; **4.** *(Thermometer)* verzeichnen, registrieren; **5.** *(auf Tonband)* aufnehmen; aufzeichnen; ► **it's not ~ed anywhere** das ist nirgends dokumentiert; **a ~ed programme** e-e Aufzeichnung; **II** *itr* Tonbandaufnahmen machen; **III** *s* ['rekɔ:d] **1.** Aufzeichnung *f;* Liste *f;* Protokoll *n;* Unterlage *f;* **2.** *(police ~)* Vorstrafen *f pl;* **3.** Vorgeschichte *f;* Leistungen *f pl;* **4.** *mus* Schallplatte *f;* Aufnahme *f;* Aufzeichnung *f;* **5.** *sport* Rekord *m;* ► **photographic ~** Bilddokumentation *f;* **keep a ~ of s.th.** über etw Buch führen; **it is on ~ that ...** es gibt Belege dafür, daß ... **he's on ~ as having said ...** es ist belegt, daß er gesagt hat ... **put s.th. on ~** etw schriftlich festhalten; **for the ~** der Ordnung halber; **off the ~** ganz im Vertrauen; **he's got a ~** er ist vorbestraft; **have an excellent ~** ausgezeichnete Leistungen vorweisen; **have a good ~ at school** ein guter Schüler sein; **make a ~** e-e Schallplatte machen; **beat, break the ~** den Rekord brechen; **hold the ~** den Rekord halten; **rec·ord breaker** ['rekɔ:dˌbreɪkə(r)] *sport* Rekordbrecher(in *f*) *m;* **rec·ord-break·ing** ['rekɔ:dˌbreɪkɪŋ] *adj* rekordbrechend; **record changer** Plattenwechsler *m.*

Sprachebene
(hier: **mus**ikalischer Sprachzusammenhang; oft taucht auch **sl** für '**sl**ang' oder **fam** für '**fam**iliärer' Sprachzusammenhang auf)

eine **Tilde** ersetzt das Stichwort (hier: record)

Silbentrennpunkte:
hier kannst Du ein Wort trennen

Im **grammatischen Bereich** kann Dir das Wörterbuch vor allem helfen: a) die Wortart eines Wortes zu bestimmen, b) unregelmäßige Mehrzahlformen (Pluralformen) und c) unregelmäßige Verbformen nachzuschlagen und d) Informationen zur Stellung eines bestimmten Wortes im Satz zu finden.

a) siehe Tip 101

b) **child** [tʃaild] ⟨*pl* children⟩ Kind *n a. fig;* **from a ~** von klein auf; **give birth to a ~** ein Kind zur Welt bringen;

c) **go** [gəu] ⟨*irr* goes, went, gone⟩ **I** *itr* **1.** gehen; **2.** *(~ on horseback)* reiten; **3.** fahren (*by train* mit dem Zug);

d) **angry** [ˈæŋgri] *adj* **1.** ärgerlich, zornig (*at s.th.* über etw; *with s.o.* auf jdn); **2.** *med* entzündet; **3.** *(See)* aufgewühlt; ▶ **be ~** sich ärgern, ärgerlich sein; böse sein (*at, with* auf, mit); **what are you ~ about?** worüber ärgern Sie sich?

Oft findest Du **zu einem bestimmten deutschen Wort** im Wörterbuch **verschiedene englische Wörter**. Um herauszufinden, welches für Deinen Zweck am besten paßt, mußt Du alle Bedeutungen durchlesen und auch die Satzbeispiele (siehe Tip 101) genau beachten.

Schreibe zu einem deutschen Wort alle englischen Bedeutungen auf.

Glaube: – faith
– belief
– illusion

Erstellt wechselseitig für Eure(n) Lernpartner eine Liste mit fünf deutschen Wörtern in einer speziellen Bedeutung. Bittet nun darum, daß das genau passende englische Wort nachgeschlagen wird.

Gift (Bosheit) – gesucht: malice
Kohl (Quatsch) – ...
Hering (dünner Mensch) – ...
aufsteigen (beruflich) – ...
schmieren (sudeln, schlecht schreiben) – ...

Redewendungen im Englischunterricht – Classroom Phrases

Häufig gibt es im Englischunterricht Situationen, wo Du z. B. etwas fragen, erklären oder tun möchtest, Deine Ablehnung oder Zustimmung kundtun möchtest, aber – wie sagt man das auf Englisch? Häufig fehlen nur die Einstiegswörter. Im Anschluß findest Du eine Liste solch nützlicher 'classroom phrases'. Die kann man auch auf ein großes Stück Papier abschreiben und im Klassenzimmer gut sichtbar aufhängen! Erweitert die Liste doch mit Hilfe Eures Lehrers/Eurer Lehrerin!

Pardon?	Wie bitte?
Excuse me. May I . . ., please?	Entschuldigung, darf ich bitte . . .?
Could you explain that again, please?	Könnten Sie/Könntest Du das bitte nochmal erklären?
Could you write . . . on the board, please?	Könnten Sie/Könntest Du das . . . bitte an die Tafel schreiben?
Could you repeat that, please?	Können Sie/Kannst Du das bitte wiederholen?
Could you dictate a little more slowly, please?	Könnten Sie bitte etwas langsamer diktieren?
Is it right to say . . .?	Kann ich sagen . . .?
What page is it on?	Auf welcher Seite steht das?
May I . . ., please?	Darf ich bitte . . .?
May I take/read Peter's part?	Darf ich Peters Rolle übernehmen/lesen?
What does . . . mean in German?	Was heißt . . . auf deutsch?
Could I say it in German, please?	Darf ich es bitte auf deutsch sagen?
How do you spell . . . in line . . .?	Wie buchstabiert man . . . in Zeile . . .?
I can't do this. Who can help me?	Ich kann das nicht. Wer hilft mir?
What have we got to do?	Was müssen wir tun?
How much time have we got?	Wieviel Zeit haben wir (dafür)?
Could we practise that again?	Könnten wir das nochmals üben?
I'm sorry, I couldn't do my homework because . . .	Es tut mir leid. Ich konnte meine Hausaufgaben nicht erledigen, weil . . .
I think that . . .	Ich glaube, daß . . .
I agree/disagree with you.	Ich bin Deiner/Ihrer Meinung./Ich bin anderer Meinung.
Let me do it, please.	Lassen Sie/Laß mich das bitte tun.
I'll help you.	Ich helfe Ihnen/Dir.
Speak up, please. I can't hear you.	Bitte lauter. Ich verstehe Sie/Dich nicht.
Sorry, I don't know.	Es tut mir leid, das weiß ich nicht.
Sorry, I don't understand.	Entschuldigung, das verstehe ich nicht.
Have we got to copy . . .?	Müssen wir . . . abschreiben?
I'm so sorry!	Es tut mir sehr leid!
What's going to be in the test?	Was wird in der Arbeit drankommen?
Oh dear!	Oh je!
Will you be giving marks for this?	Geben Sie hierfür Noten?
Of course.	Natürlich.
All right/Okay.	In Ordnung.
Super/Great/Fantastic.	Klasse.
Thank you very much. – You're welcome.	Vielen Dank. – Bitte.
Cheerio/Bye.	Tschüs.

British English – American English

Mit der nachfolgenden Liste erhältst Du einen Überblick über einige der wichtigsten Wörter, die im britischen Englisch anders lauten als im amerikanischen Englisch.

BE	AE	
autumn	fall/autumn	Herbst
bank note	bill	Geldschein
big dipper	roller coaster	Achterbahn
bill	check	Rechnung (Restaurant)
biscuit	cookie	Keks
blind	shade	Rolladen
boot	trunk	Kofferraum
caravan	trailer	Wohnwagen
car park	parking lot	Parkplatz
centre	downtown	Stadtmitte
chemist's (shop)	drugstore	Drogerie/Apotheke
chips/ French fries	French fries	Pommes frites
sweets	candy	Süßigkeiten
class	grade	Schulklasse
cooker	stove	Herd
cotton	thread	Faden/Zwirn
crisps	chips	Kartoffelchips
cupboard	closet	Wandschrank
curtains	drapes/curtains	Vorhänge
dummy	pacifier	Schnuller
elastoplast	band-aid	Heftpflaster
estate agent	realtor	Grundstücksmakler
estate car	station wagon	Kombi
film	movie	Film
first floor	second floor	erster Stock
flat	apartment	Etagenwohnung
football	soccer	Fußball
full stop	period	Punkt (Satzzeichen)
guard	conductor	Schaffner
handbag	purse	Handtasche
headmaster	principal	Schulleiter
holiday	vacation	Ferien

BE	**AE**	
jug	pitcher	Krug
label	tag	(Preis-)Schild
toilet	bathroom	Toilette
lift	elevator	Aufzug
lorry	truck	Lastwagen
motorway	freeway	Autobahn
nappy	diaper	Windel
number plate	licence plate	Nummernschild
off licence	liquor store	Spirituosenladen
(to) overtake	(to) pass	überholen
pavement	sidewalk	Bürgersteig
petrol	gas(-oline)	Benzin
post	mail	Post
postal code	zip code	Postleitzahl
pram	(baby) buggy	Kinderwagen
prison	prison/jail/ penitentiary	Gefängnis
purse	change purse	Geldbeutel
quay	wharf/pier	Kai
queue	line	(Menschen-) Schlange
rubbish	trash/garbage	Abfall
sellotape	scotch tape	Klebeband
shop assistant	sales person	Verkäufer
sleeping car	pullman/ sleeper	Schlafwagen
solicitor	lawyer	Rechtsanwalt
stone	pit	(Frucht-)Kern
tap	faucet/tap	Wasserhahn
time-table	schedule	Fahrplan
tin	can	Dose
torch	flashlight	Taschenlampe
traffic lights	stop lights/ traffic lights	Ampel
trousers	pants	Hosen
underground	subway	U-Bahn
van	delivery truck/ van	Lieferwagen
vest	undershirt	Unterhemd
wallet	billfold/wallet	Brieftasche
windscreen	windshield	Windschutzscheibe

Extratip:

TIP 104

Übrigens gibt es noch eine tolle Möglichkeit, Englisch im Original zu hören – überall in der Bundesrepublik kannst Du englische und amerikanische Radiosender empfangen. Die Programme, Sendezeiten und Frequenzen erfährst Du über:

1. British Forces Broadcasting Service (BFBS)
   Parkstraße 61
   5000 Köln 51

2. American Forces Network (AFN)
   Bertramstraße 6
   6000 Frankfurt a. M.

Vornamensliste – List of First Names

Boys:

Alan [ˈælən] (Allan, Allen)
Alexander [ælɪgˈzɑːndə*], Alex
Andrew [ˈændruː], Andy
Charles [tʃɑːlz], Charlie
Christopher [ˈkrɪstəfə*], Chris
David [ˈdeɪvɪd], Dave
Dennis [ˈdenɪs]
Edward [ˈedwəd], Ed, Ted
Eric [ˈerɪk]
Frederick [ˈfredrɪk], Fred
Gary [ˈgærɪ]
Gordon [ˈgɔːdn]
Henry [ˈhenrɪ] (Harry)
Ian [ˈi ːən]
James [dʒeɪmz], Jim
Jeremy [ˈdzerɪmɪ], Jerry
John [dʒɒn], Jack
Kevin [ˈkevɪn]
Lewis [ˈluːɪs]
Michael [ˈmaɪkl], Mike, Mick
Neil [niːl]
Nicholas [ˈnɪkələs], Nick
Peter [piːtə*], Pete
Robert [ˈrɒbət], Bobby, Bob
Roger [ˈrɒdʒə*]
Roy [rɔɪ]
Samuel [ˈsæmjʊəl], Sam

Girls:

Alice [ˈælɪs]
Ann [æn] (Anne)
Catherine [ˈkæθrɪn], Cathy
Celia [ˈsiːljə]
Clare [klɛə*]
Deborah [ˈdebərə], Debbie
Dorothy [ˈdɒrɔθɪ]
Elizabeth [ɪˈlɪzəbəθ], Lisa, Liz, Liza
Ellen [ˈelɪn]
Eve [iːv]
Fiona [fɪˈəʊnə]
Hilary [ˈhɪlərɪ]
Jane [dʒeɪn]
Janet [ˈdʒænɪt]
Jean [dʒiːn]
Jennifer [ˈdʒenɪfə*], Jenny
Julia [ˈdʒuːljə]
Julie [ˈdʒuːlɪ]
Juliet [ˈdʒuːljət]
Katherine [ˈkæθrɪn], Kate, Katy
Lucy [ˈluːsɪ]
Margaret [ˈmɑːgrɪt] (Maggie)
Nancy [ˈnænsɪ]
Pamela [ˈpæmələ], Pam
Patricia [pəˈtrɪʃə], Pat
Sandra [ˈsændrə]
Sarah [ˈseərə], Sally

Simon [′saɪmən]
Steven [′stiːvn], Steve
Terence [′terəns],Terry
Thomas [′tɒməs] Tom
Timothy [′tɪməθɪ], Tim
Trevor [′trevə*]

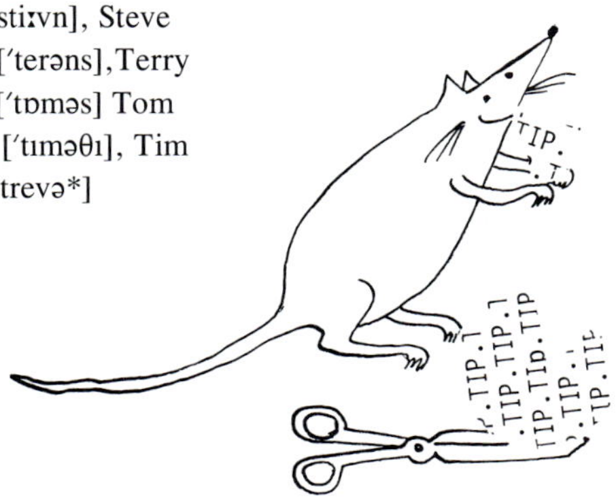

Shirley [′ʃɛːlɪ]
Tracy [′treɪsɪ]
Vanessa [və′nesa]
Wendy [′wendɪ]
Yvonne [ɪ′von]
Zoe [′zəʊɪ]

Umrechnungstabellen: Größe, Gewicht, Entfernung, Temperatur

Wie Du den nachfolgenden Tabellen entnehmen kannst, gibt man im Englischen die Körpergröße in ‘feet’ und ‘inches’ an.
1 inch = 2,54 cm
1 foot = 30,4 cm = 12 inches
Das Gewicht wird in den USA mit pounds (lbs.) und in Großbritannien (GB) und dem Commonwealth (CC) in stone und pounds angegeben.
1 pound (lb.) = 0,454 kg
1 stone = 6,356 kg = 14 pounds
Wenn Du nun zum Beispiel in einem Brief angeben willst, wie groß und schwer Du bist, so kannst Du das folgendermaßen tun:
“I am 5′6″ tall and my weight is 145 lbs. (USA) / 10 stone 5 (GB + CC).”

Größe	
1,32 m = 4 feet, 4 inches	1,60 m = 5 feet, 3 inches
1,35 m = 4 feet, 5 inches	1,62 m = 5 feet, 4 inches
1,37 m = 4 feet, 6 inches	1,65 m = 5 feet, 5 inches
1,40 m = 4 feet, 7 inches	1,67 m = 5 feet, 6 inches
1,42 m = 4 feet, 8 inches	1,70 m = 5 feet, 7 inches
1,44 m = 4 feet, 9 inches	1,73 m = 5 feet, 8 inches
1,47 m = 4 feet, 10 inches	1,75 m = 5 feet, 9 inches
1,50 m = 4 feet, 11 inches	1,78 m = 5 feet, 10 inches
1,52 m = 5 feet	1,80 m = 5 feet, 11 inches
1,55 m = 5 feet, 1 inch	1,83 m = 6 feet
1,57 m = 5 feet, 2 inches	1,85 m = 6 feet, 1 inch

Gewicht D	USA	GB + CC	*Gewicht* D	USA	GB + CC
32 Kilogramm =	70 lbs. =	5 stone	59 Kilogramm =	130 lbs. =	9 stone 4
34 Kilogramm =	75 lbs. =	5 stone 5	61 Kilogramm =	135 lbs. =	9 stone 9
36 Kilogramm =	80 lbs. =	5 stone 10	64 Kilogramm =	140 lbs. =	10 stone
38 Kilogramm =	85 lbs. =	6 stone 1	66 Kilogramm =	145 lbs. =	10 stone 5
41 Kilogramm =	90 lbs. =	6 stone 6	68 Kilogramm =	150 lbs. =	10 stone 10
43 Kilogramm =	95 lbs. =	6 stone 11	70 Kilogramm =	155 lbs. =	11 stone 1
45 Kilogramm =	100 lbs. =	7 stone 2	73 Kilogramm =	160 lbs. =	11 stone 6
48 Kilogramm =	105 lbs. =	7 stone 7	75 Kilogramm =	165 lbs. =	11 stone 11
50 Kilogramm =	110 lbs. =	7 stone 12	77 Kilogramm =	170 lbs. =	12 stone 2
52 Kilogramm =	115 lbs. =	8 stone 3	79 Kilogramm =	165 lbs. =	12 stone 7
54 Kilogramm =	120 lbs. =	8 stone 8	82 Kilogramm =	180 lbs. =	12 stone 12
57 Kilogramm =	125 lbs. =	8 stone 13			

Entfernung	
1 km =	0.62 miles
1,6 km =	1 mile
8 km =	5 miles
16,1 km =	10 miles
24 km =	15 miles
32,2 km =	20 miles
40 km =	25 miles
48,3 km =	30 miles
64,4 km =	40 miles
80,5 km =	50 miles
112,6 km =	70 miles
144,8 km =	90 miles

Temperatur

Celsius	Fahrenheit
−17,8°	0°
−10°	14°
0°	32°
10°	50°
15°	59°
20°	68°
25°	77°
30°	86°
37,8°	100°
40°	104°
100°	212°
250°	482°

Büchertips

In diesem Teil werden Dir fünf Bücher vorgestellt, die von Schülern probegelesen und kommentiert wurden. Du sollst hier Anregungen finden, in eigener Regie weiterzulesen.

Zur Übersetzung:

H. Gumtau (et al.): **Mittlere Reife – Übersetzung aus dem Englischen**
Manz Verlag, München, Bestellnummer 293.

Auf 111 Seiten werden in einem A-Teil viele Erklärungen und Übungen zum Thema Übersetzung aus dem Englischen ins Deutsche angeboten. Im B-Teil sind fünfzehn Übersetzungen mit Musterlösungen und weiterführenden Übungen enthalten.

Das Buch eignet sich vor allem zur Prüfungsvorbereitung am Ende der 10. Klasse (Realschule, Fachschule und Gymnasium).
Manche Schüler, die mit diesem Buch arbeiteten, hielten die detaillierten Erläuterungen für zu ausführlich. Dennoch gaben die meisten das Gesamturteil ‚gut'.

Zum Briefeschreiben:

TIP 106

H. A. Seidl: **Dear Pen-Friend – Ein Leitfaden für Brieffreundschaften**
Diesterweg, Frankfurt a. M., Bestellnummer 4127.

Mehrere Bücher und Zeitschriftenartikel zum Thema Briefeschreiben wurden probegelesen. Dieses schnitt als bestes ab. Hier findest Du eine Menge Anschriften, die Briefkontakte in allen englischsprachigen Ländern der Erde vermitteln (auf 12! Seiten). Dir werden ausführlich Briefformalitäten zu persönlichen und geschäftlichen Briefen in deutscher Sprache erläutert. Eine 15 Seiten umfassende Liste mit nützlichen Ausdrücken und Sätzen zum Briefeschreiben ist ebenso enthalten, wie eine ganze Reihe von Musterbriefen. Gesamturteil ‚sehr gut'.

Zum Grammatiktraining:

TIP 107

H. Brinkmann, O. Gray: **Avoiding Mistakes – A Practice Book for Intermediate Learners**
Diesterweg, Frankfurt a. M., Bestellnummer 4401. Das Lösungsheft hat die Bestellnummer 441.

Dieses Lern- und Übungsbuch wurde speziell für die Schüler der Klassen 8–10 erstellt. Es enthält praktische Hinweise und leicht verständliche Regeln zu Aussprache, Schreibung, Wortwahl und Grammatik. Zu jedem dieser Bereiche werden Übungen angeboten. Ein getrenntes Lösungsheft ist erhältlich.
Da der Wortschatz sehr weit gefaßt ist, kann dieses Buch von allen Schülern der Klassen 8–10, unabhängig von ihrem in der Schule benutzten Englischbuch, verwendet werden.

TIP 108

Duve-Kreter: **The New Guide** Grammar
Diesterweg, Frankfurt a. M., Bestellnummer 3409.

The New Guide ist eine reine Grammatik. Dieses Buch erklärt auf deutsch in umfassender, übersichtlicher und gut verständlicher Weise alle Regeln und Besonderheiten der englischen Sprache. Als Ergänzung zum vorliegenden Buch und zum Schulbuch sehr gut geeignet.

Zur Arbeit an Texten:

TIP 109

Es gibt laufend Neuerscheinungen zur Arbeit an Texten (z. B. Erweiterte Textaufgaben/ETA, Hörverstehensaufgaben und Diktate). Erkundige Dich doch mal in Deiner Buchhandlung.

10. Textaufgaben zum Trainieren

1. BODO REDNOSE – THE CLOWN OF CLOWNS

"Ladies and gentlemen," shouted the circus director into the microphone, "may I have your attention please. This evening's show is no ordinary circus display. I would very much like you all to welcome onto the platform someone who has reached the grand age of 70 today. Here he is – the best clown of all times – Bodo Rednose!"

The band struck up[1] "Oh when the Saints go marching in" and Bodo stumbled out falling over his huge black shoes. The audience laughed and applauded. Bodo climbed a small flight of stairs onto the stage in the middle of the circus floor. He began pulling handkerchief after handkerchief out of his sleeves, honked his nose as if it was a motor horn and squirted his corsage[2], all in such a unique[3] way, that you could have thought you had never seen the stunt performed before.

Then he began riding around the platform on a unicycle[4] and at the same time performing acrobatic stunts like a ten year old gymnast. Both adults and children were completely fascinated by this 70 year old – still agile[5] athletic clown and continued to demonstrate their appreciation[6] by clapping gleefully[7] to all of his acts.

After completing his performance Bodo began to slowly walk off the stage. The crowd shouted and clapped their hands with tear-filled eyes.

The band began to play a different tune and the circus director announced new artists.

Nobody knew that today wasn't only Bodo Rednose's birthday. Today was also the day he had to retire[8]. It had been Bodo's last performance.
And nobody except a little girl who sat next to the exit noticed the clown's big blue eyes were filled with tears, too.
The circus had been his whole life.

1 (to) strike up: anstimmen; (Musik) einsetzen
2 (to) squirt ones corsage: mit seiner Ansteckblume spritzen
3 unique: einzigartig
4 unicycle: Einrad
5 agile: flink, gewandt; beweglich
6 appreciation: Anerkennung; Wertschätzung
7 gleefully: fröhlich
8 to retire: in den Ruhestand treten

TIP 110

Achtung! Bevor Du mit der Beantwortung der Fragen in einer Textaufgabe beginnst, übersetze mit Bleistift die Aufgabenstellungen. Schreib sie darüber oder darunter.

A. Comprehension

Read the text and answer the questions in complete sentences.

1. Why is this evening's show no ordinary circus display?
2. Why did the audience laugh when Bodo came in?
3. What did Bodo pull out of his sleeves?
4. Where were all the stunts performed?
5. Why was everybody fascinated by this old clown?
6. Who did the circus director announce after Bodo's performance?
7. Why did Bodo have tear-filled eyes when he left?
8. Who noticed his tears?

B. Language

1. Explain the meaning of the word underlined. Use complete sentences.

a) attention (line 3)
b) circus display (line 3)
c) flight of stairs (lines 7+8)
d) to honk ones nose (line 9)

2. Write down the corresponding nouns.

a) to laugh (line 7)
b) to perform (line 11)
c) to demonstrate (line 14)
d) to announce (line 18)

3. Write down the opposites of the words underlined.

a) ordinary circus display (line 3)
b) to welcome someone (line 4)
c) to walk slowly (line 16)
d) exit (line 21)

4. Put into reported speech.

a) "Our upcoming artists can dance on horses!" (The circus director told the audience that ...)
b) "Did you hear me play the trumpet today?" (Bodo's son asked his father if ...)
c) "You played excellently this evening." (Bodo praised him that he ...)
d) "I'll have to play again tomorrow." (His son replied that ...)
e) "The other trumpet player is going to look for a new job." (He pointed out that ...)

5. Choose the correct verb for each sentence and write it down in its correct form.

be – notice – ask – hurt – not laugh

a) If Bodo hadn't stumbled over his huge shoes, the audience ....
b) If Bodo had lost balance on his unicycle, he ... himself.
c) The audience will applaude again, if the new artists ... as good as Bodo.
d) If the audience ... Bodo's tears, they would cry, too.
e) Bodo wouldn't refuse, if the circus director ... him to do another show.

C. Translation

Did you know that in 1885 Buffalo Bill had his own wild west circus show in the state of New York. In that circus a slim teenage girl called Annie Oakley appeared as a rifle shooter. She was not only able to shoot six glass balls that were tossed into the air perfectly in a few seconds but also to shoot through each heart of a five of hearts playing card that was held by her husband about fifty feet away from her. One of her best tricks was to lie backward over a chair holding her gun upside down and shooting a glass ball which was swinging on a cord around her husband's body. It was Mark Twain's idea to bring Buffalo Bill's circus to London. Everybody was celebrating Annie there. One day Queen Victoria said to her with admiration that she was a very clever young girl.
Years after Annie's death in 1926 her life became the background of the story for one of the most famous American musicals of our time 'Annie get your gun'.

D. Guided Writing

1. Asking questions for an interview

An interviewer asks Bodo questions for his newspaper.
Imagine you are the interviewer.
Ask him
a) about other jobs before becoming a clown.
b) when he first decided to join the circus.
c) why he joined the circus.
d) if he had been in another circus in his life.
e) about his most successful performance during his career.
f) about stunts people hadn't liked.
g) if he's got any hobbies.
h) about the reasons for his retirement.
i) what he's going to do after his retirement.

2. What would you say?

Dein englischer Gastgeber lädt Dich zu einer Zirkusvorstellung ein.
a) Du bedankst Dich und sagst zu.
b) Du fragst, wo der Zirkus gastiert und wie lange Ihr dahin braucht.

c) Du willst wissen, was der Eintritt kostet.
d) Du fragst nach den Attraktionen im Zirkus.
e) Du willst wissen, woher der Zirkus kommt.
f) Du fragst, ob ein Freund/Freundin mitgehen darf.

3. Writing a letter

Write a letter to your English pen-friend Judy/Kevin. Tell her/him about what happened last week.

- on a birthday party
- during an evening at a disco
- on a visit to a circus.

Write 100–120 words.

2. TEDDY BEARS – FOR CHILDREN ONLY?

In 1985 Americans spent more than $ 150 million on teddy bears. More than 40 percent of sales are to adults – for adults. In the last two years teddy bear fan clubs have been founded and there are stores that sell teddy bears only.
Some of the best-selling teddies are copies of early bears like the ones Margarete Steiff made in 1903. She had started making bears for the children in her family and some of them were seen in a toy shop in Leipzig by an American toy buyer. He ordered 3000 and some were used as decorations at the wedding[1] of President Theodore (Teddy) Roosevelt's daughter Alice. A guest asked what they were called and Alice answered: "Teddy's bears!"
In 1906 teddy bears, as they were called by then, were a national sensation and in 1907 Steiff already sold nearly one million. Today original bears of that time cost more than $ 1500 each. Collecting bears has become the fourth largest collecting hobby – after coins, stamps and dolls[2]. When Californian millionaire Victor Davis sold his San Francisco house in 1984 he had a big problem: what to do with the 5000 bears he had collected over the years. One 42-year-old New York secretary, who lives in a one-bedroom flat with 165 bears has recently sold part of her furniture to make room for more teddies.
Many bear-lovers have a serious problem: what to do with one's bear when one dies. There is a solution: the London Toy and Model Museum has special rooms for teddy bears. Lots of people have given or promised to give their bears to that museum – among them Winston Churchill, Queen Elizabeth, Prime Minister Thatcher and Mrs Reagan.
This shows what most teddy bear lovers firmly[3] believe: no one is too old for a teddy!

1 wedding: Hochzeit
2 doll: Puppe
3 firmly: fest

A. Comprehension

Read the text and answer the questions in complete sentences.

1. Who gets more than 40 percent of all the teddy bears sold in America?
2. Where and by whom was the teddy bear invented?
3. Who brought the teddy bears to America?
4. How did the toy bears get the name **teddy** bears?
5. What are the four largest collecting hobbies today?
6. What was Victor Davis' big problem?
7. Why has the London Toy and Model Museum special rooms for teddy bears?
8. What is the teddy bear lovers' firm belief?

B. Language

1. Find the expression in the text for:

a) exchange of goods for money.
b) a child's plaything.
c) to bring or gather together.
d) lately; not long ago.
e) to feel sure of the truth of something.

2. Rewrite the following sentences and replace the underlined words or phrases with expressions which mean more or less the same.

a) Many <u>adults</u> buy teddy bears for other <u>adults</u>.
b) Margarete Steiff <u>had started</u> making bears for the children in her family.
c) The secretary with 165 bears lives in a one-bedroom <u>flat</u>.
d) The museum has <u>special</u> rooms for teddy bears.

3. Find the words from the text to complete the following sentences and write them down.

a) Most pop stars have ... who support them in every way they can.
b) In a restaurant you ... your meal by telling the waiter what you would like to eat and drink.
c) The manager's ... was ill, so he had to type his letters by himself.
d) Last week my father ... to take a day off. Today we'll go surfing with him.

4. Choose suitable adjectives and turn them into adverbs to complete the following sentences.

good – real – perfect – near – nice

a) It is ... normal for adults to buy teddy bears.
b) Many children play ... with all kinds of toys.
c) Teddies have been a favourite toy for ... ninety years.
d) Children like dolls as ... as teddy bears.
e) I ... think that children need toys to be happy.

5. Write sentences in the passive. Be careful with the tenses and the word order.

a) For many years teddy bear fan clubs – (to) found – by teddy bear lovers.
b) Teddy bears – (to) call – 'teddy' because of President Roosevelt's name.
c) In 1903 the first bears – (to) make – by Margarete Steiff.
d) In the next few years many more teddies – (to) buy – by children and adults.
e) In the USA teddy bears – (to) use – as decorations.

C. Translation

There are many more anecdotes about President Roosevelt's nickname "Teddy" which later became the name for all toy bears:
One day President Roosevelt went on a hunting party. To make sure that the President would shoot a bear, his fellow hunters tied a young bear to a tree, but Roosevelt refused to shoot that helpless animal. In many newspapers that incident was illustrated in cartoons. From that day on all toy bears got the President's nickname "Teddy".

D. Guided Writing

1. What's your opinion?

Imagine someone is collecting things. You are asked to give your opinion. Choose four of the following pros and cons. Make whole sentences.

<u>Pro</u>
- lots of fun
- souvenir of old times, places and people
- to pass time
- decoration for the house
- something to talk about

<u>Con</u>
- costs money
- takes away place
- needs dusting
- waste of time
- makes you lonely

2. Writing a report

Write a report of not more than 120 words for the school magazine of your English exchange school. During a bus trip you visited a toy museum. Use the following information in one sentence each.

- entrance fee
- guided tour
- big building with three floors

- crowded rooms
- old toy trains, cars ...
- most expensive toy
- oldest toy
- latest toy
- something was stolen
- thief caught by visitors

3. Picture Story

LÖSUNGEN

Übersetzungsübungen (S. 21–23)

Fehlerbereich 2: Tätigkeitswort und Verhältniswort/Umstandswort (Verb und Präposition/Adverb)

1. Peter suchte sein Geld.
2. Sie kümmerte sich um das Baby.
3. Ich muß aufgeben/nachgeben.
4. Ich wünsche, er würde mit dem Rauchen aufhören.
5. Spiel bitte weiter.
6. Etwas geht hier vor.

Fehlerbereich 3: Die Zeiten

1. Ich fahre morgen in Urlaub.
2. Unser Lehrer ist (schon) seit drei Wochen krank.
3. Ich schaute gerade fern, als das Telefon klingelte.
4. Ich war (noch) nie in Griechenland.
5. Ich wäre gekommen, wenn ich genug Zeit gehabt hätte.
6. Ich dachte, ich würde früher zurückkommen können.

Fehlerbereich 4: Auflösen durch Relativsätze

1. Die Frau, die dort drüben sitzt, ist meine Tante.
2. Die Kinder, die den Strand entlangliefen/entlanglaufen, waren Österreicher.
3. Das ist das Buch, das mein Onkel schrieb/von meinem Onkel geschrieben wurde.
4. Die Wagen, die in Deutschland gebaut werden, sind für die Wirtschaft sehr wichtig.
5. Die Gewinner, die in der Zeitung erwähnt waren/sind, sind sehr glücklich.
6. Der Wagen, der vor der Bank steht, gehört Herrn Smith.

Fehlerbereich 5: Das Passiv

1. Englisch **wird** in Neuseeland **gesprochen.**
2. **Es wird** alles **getan**, um die Straßen bei Nacht sicher zu machen.
3. Die neue Stadt **wurde** in weniger als 5 Jahren **gebaut.**
4. Der entflohene Gefangene **wurde** in der Gegend von Leeds **gesehen**,/**ist** . . . **gesehen worden.**
5. Die Besprechung **wird** im Raum 12 **stattfinden.**

Fehlerbereich 6: Die '-ing' Formen

1. Nachdem Alan seine neue Platte angehört hatte, machte er seine Hausaufgaben.
2. Bevor er Harry anrief, beendete Tom seinen Brief an seinen amerikanischen Freund.
3. Schwimmst du gerne?
4. Omas Lieblingsbeschäftigung ist das Briefmarkensammeln.
5. Da das Wetter kalt war, entschlossen wir uns, zu Hause zu bleiben.
6. Er kam ins Zimmer gelaufen.
7. Er spielte in vielen Fußballspielen, und seine Mannschaft gewann die meisten davon.
8. Die Idee, die Ferien in England zu verbringen, wurde angenommen.

Fehlerbereich 7: Die Grundform des Verbs (Infinitiv) mit oder ohne 'to'

1. Ich weiß nicht, was ich tun soll.
2. Wir wissen nicht, ob wir akzeptieren sollten.
3. Ich bat ihn, nicht zu rauchen.
4. Sie zwang mich, ein Lied zu singen.
5. Er ließ uns um 11.30 gehen.
6. Sie sagten uns, daß wir früh nach Hause kommen sollten.

Übersetzungstext (S. 23)

Würden Sie / Würdest Du / Würdet Ihr es glauben?

Ein Italiener und ein Franzose diskutierten (gerade) darüber, wie schnell sich das Wetter in ihren Ländern ändern kann. Der Italiener sagte, daß es sogar im Sommer ziemlich häufig vorkäme, daß man am Morgen von zu Hause in leichter Bekleidung weggeht und am Abend froh darüber ist, eine dicke Strickjacke zu haben.
Der Franzose erwiderte: „Das ist noch gar nichts. Zwei meiner Freunde stritten sich (einmal) mitten im Winter. Der Schnee lag ungefähr dreißig Zentimeter hoch. Einer von ihnen machte (formte) schließlich einen Schneeball und warf ihn nach dem anderen. Die Entfernung zwischen beiden war/betrug nicht mehr als fünf Meter. Das Wetter änderte sich jedoch so schnell und es wurde so heiß, daß der Mann nicht von einem Schneeball getroffen, sondern von heißem Wasser verbrüht wurde."

Übersetzungstext (S. 28/29)

Ausreißer – ein Hilfeschrei

Tausende von Jungen und Mädchen laufen jedes Jahr von zu Hause weg. Sie sind unterschiedlicher Herkunft und ihr Alter reicht von gerade acht bis etwa sechzehn.
Warum laufen diese jungen Leute weg?
Einige tun es, weil sie Probleme mit ihren Eltern haben, einige, weil sie nicht mehr länger zur Schule gehen wollen und es gibt welche, die Probleme mit ihrem Freund oder ihrer Freundin haben. Andere suchen nur das Abenteuer.
Sie alle machen sehr bald die Erfahrung, daß Weglaufen keine Lösung ist. Die meisten gehen zu Freunden oder Verwandten, wo sie nur für kurze Zeit bleiben, bevor sie zu ihren eigenen Familien zurückkehren. Einige nehmen ein wenig Geld mit, andere nichts. Diese jungen Ausreißer gehen oft in größere Städte, wo sie sich unter den tausenden von Menschen, die dort wohnen, verstecken können. Sie führen vielleicht ein hartes Leben, mit nur wenig Essen und keinem Geld und verbringen den Tag damit, durch die Straßen zu streifen. Nachts versuchen sie, auf Parkbänken, unter Eisenbahnbrücken, oder an anderen Orten zu schlafen. Glücklicherweise gibt es in einigen Städten Häuser, wo die Ausreißer Essen, Kleidung und ein Bett finden können. Sehr oft stehlen Diebe ihr Geld oder ihre Kleidung, so daß sie gezwungen sind, heimzukehren. Viele kehren innerhalb weniger Tage nach Hause zurück. Einige Jungen und Mädchen laufen jedoch ein zweites Mal von zu Hause weg. Sie tun dies, weil sich nichts veränderte.
Unsere Kinder brauchen nicht nur Essen und ein Bett zum Schlafen. Sie brauchen auch Liebe und Verständnis.

Bildergeschichte (S. 42)

Mögliche Überschriften: CLEVER MICK-MOUSE, THE BEST TRICK OF ALL, AN UNEXPECTED ENDING, WOULD YOU BELIEVE IT?

Bild 1: So she balanced an apple on her nose first. Mick-Mouse, however, didn't move. He didn't seem to understand what Cathy wanted him to do.
Bild 2: Cathy went on doing tricks. Her next trick was to balance a pencil on her big toe. Again Mick-Mouse didn't seem to understand a thing.
Bild 3: A little exhausted, Cathy offered Mick-Mouse a piece of cheese. That was something that made Mick-Mouse move immediately. He bit into the cheese and ate part of it.

Bild 4: (Als eine Möglichkeit von vielen!) After a while Cathy was tired of teaching Mick-Mouse tricks. But then something happened that left Cathy speechless: Mick-Mouse balanced the apple, the pencil and the cheese. Cathy was completely surprised. She knew that nobody would believe what she had seen.

Übungen zum Briefeschreiben (S. 48)

Übung 2

(1) When, (2) After, (3) so, (4) Then, (5) However, (6) so, (7) finally

Übung 3

Hauff Straße 22
D-7880 Bad Säckingen

21st June, 19..

Dear Julie,

Thank you very much for your nice letter.

Can you imagine what happened last Saturday? Well, I'll tell you about it.

My grandparents invited me to go with them on a visit to the holiday park in Rust. It took us about two hours to get there, since my grandfather's car is not too fast. The sun was shining the whole day, so we had three ice-creams each. The trip on the big dipper I took with Grandma was the most exciting part. She laughed all the time and wanted to go on a second trip. At the end of the day I bought a nice present for my parents: a cuckoo-clock!

Write back soon and give my regards to your parents and brothers.

Best wishes,

Yours, Mike

Übungen zur Grammatik

Simple Present oder Present Progressive? (S. 62)

1. sells
2. catch
3. wears; is shining; is not/isn't wearing
4. washes
5. drinks
6. is playing
7. go
8. passes
9. comes; switches on
10. is still sleeping
11. carry; am carrying
12. is sitting
13. is crying
14. am writing
15. get up
16. is walking
17. freezes
18. sleeps
19. is drinking
20. is playing

Fragen im Simple Present und Present Progressive (S. 64)

1. When do you get up in the morning?
2. Who lives in that house?
3. Why are you wearing a coat this morning?
4. What are you doing at the moment?
5. Do you like chocolate?
6. Are you preparing dinner now, Mummy?
7. What does Sheila have for breakfast on Sundays?
8. Is it true that Alan's dog eats ten sausages every day?
9. Does the postman come at ten o'clock?
10. Is that you, Peter?
11. Do you see the car over there? It's ours.
12. Do you think the children are still sleeping?
13. Do you watch TV often?
14. Are you enjoying your English lesson today?
15. Who is making that horrible noise?
16. Why do you never do your homework?
17. How does your dad get to work in the morning?
18. What are you doing with my cassette-recorder, Dave?
19. Does Sue go to dancing lessons?
20. Do you enjoy learning English?

Simple Past oder Past Progressive (S. 66)

1. saw
2. heard; saw; was
3. came; was preparing
4. was working; came
5. discovered
6. went
7. was writing
8. spent
9. watched
10. moved
11. was
12. did not go/didn't go
13. started; turned; overtook
14. was walking; noticed; was following
15. played; was
16. wrote
17. was writing; remembered
18. got
19. was discussing; came
20. was washing; phoned; answered

Fragen im Simple Past oder Past Progressive (S. 67)

1. Did you see ...?
2. What were you doing ...?
3. Did you play . . .?
4. Was Sheila ...?
5. Did he get ...?
6. Why were you talking ... while I was waiting ...?
7. When did you meet ...?
8. Was he ... when I phoned?
9. When did ... die?
10. Who cooked ...?
11. Did you remember ...?
12. Were you working when I came ...?
13. Who were you writing ... when I came in?
14. When did you run into ...? Was it ...?
15. Did Helen finish ...?
16. How did you manage ...?
17. Who was John talking ... when we arrived?
18. Did you visit ... while you were staying ...?
19. Who was driving ... when ... happened?
20. What were you doing ...?

Present Perfect (S. 68)

1. you have cleaned/you've cleaned; has done
2. have written/'ve written
3. have worked/'ve worked
4. Has he ever done
5. have already seen
6. has flown
7. has had
8. has not lost/hasn't lost
9. have been
10. has crossed
11. has not written/hasn't written
12. have already bought/'ve already bought
13. have you done
14. has stood
15. Have you managed
16. has been
17. have never seen/'ve never seen
18. have always wanted/'ve always wanted
19. has been
20. has already applied; has not been/hasn't been

Past Perfect oder Simple Past? (S. 69/70)

1. left; realized; had forgotten/'d forgotten
2. arrived; had already run
3. lost; had bought/'d bought
4. asked; had not washed/hadn't washed
5. told; had all done
6. told; had never seen
7. were not able/weren't able; had brought
8. had burned; arrived
9. began; had cut
10. returned; had left
11. were; had lost
12. was unable; had got
13. said; had not been/hadn't been
14. had walked/'d walked; began
15. had died; arrived
16. was; had missed/'d missed
17. met; had only been/'d only been
18. did not go/didn't go; had not learned/hadn't learned
19. did not watch/didn't watch; had already seen/'d already seen
20. failed; had never done/'d never done

Die indirekte Rede (S. 75/76)

1. John told Jerry (that) his/their mother/mum was already there.
2. Mary told/promised her mum (that) she would look after the two boys.
3. Susan told Jill (that) she would invite all her friends to her garden party the following week.
4. The policeman told Mr Green (that) he would have to pay a fine because he had not/hadn't stopped in time.
5. Mr Brown told his wife (that) he was late because there had been a traffic jam in Oxford Street.
6. Mrs Johnson told a neighbour (that) she was afraid she could not/couldn't come the following day.
7. Helen told Jane (that) she had been at home the weekend before.
8. Peter told Tim (that) he had never eaten anything better than that.
9. Alan told his boss (that) he had been ill the day before.
10. Mr Jones told his wife (that) they would have to paint the garage doors soon.
11. Anne told Pam (that) she thought she was in love with Mike.
12. Fred told his dog (that) he was a bad boy.
13. The elephant told the mouse (that) it (he/she) was very small.
14. The mouse told the elephant (that) it (he/she) did not/didn't like big animals.
15. The elephant told the mouse (that) it (he/she) did not/didn't care what it (he/she) thought.

Fragen in der indirekten Rede (S. 76/77)

1. John asked Mr Miller if/whether he closed at six o'clock.
2. Bob asked Jack where he had got/'d got his new pair of jeans.
3. Mum asked Jill if/whether she had washed/'d washed the dishes.
4. Jill asked her mum why her dad was not/wasn't there yet.
5. The customer asked the shop assistant where he/she could find the umbrellas.
6. The teacher asked the pupils who/which of them knew any sights of London.
7. The housewife asked the butcher how much his beef was that day.
8. The teacher asked the pupils if/whether Peter was in there.
9. The policeman asked the driver if/whether he/she had not noticed/hadn't noticed the traffic lights.
10. The policeman asked the driver if/whether he could see his/her licence.
11. The policeman asked the driver how many pints he/she had had.
12. Jane asked Susan if/whether she worked there.
13. John asked me what I was doing.
14. Mary asked Janet if/whether she liked that record.
15. Janet asked John if/whether he was going to see his parents the next day.
16. Liz asked Jerry where he had got that super pullover.
17. Peter asked his mum if/whether she did not like/didn't like the music.
18. Mary asked Mike if/whether he was going swimming the next day.
19. Tim asked Sam how tall he was.
20. The teacher asked the pupils why they had not done/hadn't done their homework.

Vervollständige die Bedingungssätze! (S. 78/79)

1. will hit/'ll hit
2. would buy/'d buy
3. had seen/'d seen
4. meet
5. walk
6. had learned/'d learned
7. were
8. would not have missed/wouldn't have missed
9. bought
10. is
11. will help/'ll help
12. had known
13. would have got
14. grow
15. would not go/wouldn't go
16. would you promise
17. go
18. throw; comes
19. had known/'d known
20. want

Adjektiv oder Adverb? (S. 82)

1. taller
2. obviously; carefully
3. heavily
4. well/better
5. beautiful
6. hard
7. happily
8. good
9. automatically
10. bad; worse; the worst
11. less
12. awfully
13. most beautiful
14. really
15. pretty; prettily
16. carefully
17. suddenly
18. farther/further
19. more expensive
20. busiest

Forme ins Passiv um und vervollständige! (S. 85)

A.

1. In 1666, a large part of London was destroyed (by a fire).
2. The meal will be prepared (by Jill).
3. My bike is being repaired (by Dad).
4. These baskets are made (by Indians).
5. The problem has been discussed (by the MPs).
6. The letters will be typed (by Sandra).
7. The records were chosen (by the disc jockey).
8. Tony was warned (by Mike).
9. The killer has been arrested (by the police).
10. The piano is played (by Sascha).

B.

1. was run
2. has been repaired
3. will be bought
4. are killed
5. is/was/will be switched off
6. will be taken
7. are used
8. was found
9. has not been cleaned/hasn't been cleaned
10. is taught

BODO REDNOSE – THE CLOWN OF CLOWNS (S. 102)

A. Comprehension

1. This show is special because it is Bodo's 70th birthday today.
2. Bodo stumbled out and fell over his huge black shoes.
3. He pulled handkerchief after handkerchief out of his sleeves.
4. The stunts were performed on a platform in the middle of the circus floor.
5. Everybody was fascinated because Bodo could do stunts like a ten year old gymnast/was still agile and athletic.
6. He announced new artists.
7. It was Bodo's last performance. He had to retire. He loved the circus which had been his whole life.
8. A little girl who sat next to the exit noticed his tears./A little girl did.

B. Language

1.

a) If you listen very carefully you pay attention.
b) It's a show of artists and animals.
c) These are steps leading from one floor to another.
d) It's a sound made by a motor horn.

2.

a) laughter
b) performance, performer
c) demonstration, demonstrator
d) announcement, announcer

3.

a) special, singular
b) to say good-bye, to say farewell
c) fast, quickly
d) entrance

4.

a) ... their upcoming artists could dance on horses.
b) ... he had heard him play the trumpet that day.
c) ... had played excellently that evening.
d) ... he would have to play again the following day.
e) ... the other trumpet player was going to look for a new job.

5.

a) ... wouldn't have laughed.
b) ... would have hurt ...
c) ... are ...
d) ... noticed ...
e) ... asked ...

C. Translation

Wußtest Du, daß Buffalo Bill 1885 im Staat New York seinen eigenen Wildwest Zirkus hatte? In diesem Zirkus trat ein schlankes junges Mädchen, das Annie Oakley hieß, als Gewehrschützin auf. Sie konnte nicht nur sechs Glaskugeln, die in die Luft geworfen wurden, in wenigen Sekunden fehlerfrei abschießen, sondern auch durch jedes Herz einer Herz-Fünfer-Spielkarte, die von ihrem Ehemann in etwa fünfzig Fuß Entfernung gehalten wurde, treffen. Eine ihrer besten Nummern war es, rückwärts auf einem Stuhl zu liegen, indem sie das Gewehr verkehrt herum hielt und dabei eine Glaskugel zu zerschießen, die an einer Schnur um den Körper ihres Mannes schwang. Es war Mark Twains Idee, Buffalo Bills Zirkus nach London zu bringen. Dort feierten alle Annie. Eines Tages sagte Königin Victoria voller Bewunderung zu ihr, daß sie ein sehr gescheites junges Mädchen sei.
Jahre nach Annies Tod, im Jahre 1926, wurde ihr Leben die Grundlage für die Geschichte eines der berühmtesten amerikanischen Musicals unserer Zeit "Annie get your gun".

D. Guided Writing (Lösungsbeispiele)

1.
a) Have you had any other job before you became a clown?
b) When did you first decide to join the circus?
c) Why did you join the circus?
d) Have you been in another circus during your career?
e) What was your most successful performance?
f) Have you ever had/performed a stunt people didn't like?
g) Have you got any hobbies?
h) Why do you retire?
i) What are you going to do after your retirement?/Have you got any plans for the future?

2.
a) Thank you very much for the invitation. I'd love to come.
b) Where is the circus and how long does it take us to get there?
c) How much is the entrance fee/admission?/How much are the tickets?
d) Are there any special attractions in that circus?
e) Where does that circus come from?
f) May I bring a friend with me?/May I invite a friend to come with us?

3.
Siehe das Kapitel ‚Tips und Übungen zum Briefeschreiben'.

LÖSUNGEN.LÖSUNGEN.LÖSUNGEN.LÖSUNGEN.LÖSUNGEN.LÖSUNGEN.LÖSUNGEN.LÖSUNGEN.LÖSUNGEN.LÖSUNGEN.

LÖSUNGEN.LÖSUNGEN.LÖSUNGEN.LÖSUNGEN.LÖSUNGEN.LÖSUNGEN.LÖSUNGEN.LÖSUNGEN.LÖSUNGEN.LÖSUNGEN.LÖSUNGEN.

TEDDY BEARS – FOR CHILDREN ONLY? (S. 105)

A. Comprehension

1. Adults get more than 40 percent of all these teddy bears.
2. Margarete Steiff invented the teddy bear in Leipzig.
3. An American toy buyer brought the teddy bears to America.
4. Some toy bears were used as decorations at the wedding of President Theodore (Teddy) Roosevelt's daughter Alice. A guest asked what they were called and Alice answered: "Teddy's bears!"
5. The four largest collecting hobbies today are collecting coins, stamps, dolls and teddy bears.
6. He didn't know what to do with his 5000 bears he had collected over the years when he sold his San Francisco house in 1984.
7. It has special rooms for teddy bears because many famous people have given or promised to give their bears to that museum after their death.
8. They believe that no one is too old for a teddy bear.

B. Language

1.

a) sale (line 3)
b) toy (line 7)
c) to collect (line 12)
d) recently (line 15)
e) to believe (line 21)

2.

a) Grown-ups buy teddy bears for other grown-ups.
b) Margarete Steiff had begun making bears for the children in her family.
c) The secretary with 165 bears lives in a one-bedroom apartment.
d) The museum has separate rooms for teddy bears.

3.

a) fan clubs (line 3)
b) order (line 7)
c) secretary (line 15)
d) promised (line 19)

4.

a) perfectly
b) nicely
c) nearly
d) well
e) really

5.

a) have been founded
b) are called
c) were made
d) will be bought
e) are used

C. Translation

Es gibt noch viele weitere Anekdoten über Präsident Roosevelts Spitznamen „Teddy", der später zur Bezeichnung für alle Spielzeugbären wurde:
Eines Tages ging Präsident Roosevelt auf eine Jagd. Um sicherzustellen, daß der Präsident einen Bären schießen würde, banden seine Jagdfreunde einen jungen Bären an einen Baum, aber Roosevelt weigerte sich, das hilflose Tier zu erschießen. In vielen Zeitungen wurde dieser Vorfall mit Zeichnungen illustriert. Seit jenem Tag bekamen alle Spielzeugbären den Spitznamen des Präsidenten „Teddy".

D. Guided Writing

Um Tips zur Lösung zu erhalten, lies bitte die entsprechenden Kapitel in diesem Buch durch – vor allem ‚Tips und Übungen zu der Arbeit mit Texten' (ab Seite 24)!

LÖSUNGEN.LÖSUNGEN.LÖSUNGEN.LÖSUNGEN.LÖSUNGEN.LÖSUNGEN.LÖSUNGEN.LÖSUNGEN.LÖSUNGEN.LÖSUNGEN.LÖSUNGEN.LÖSUNGEN.

to kill the time (die Zeit totschlagen)

your hair stands on end
(da stehen einem die Haare
zu Berge)

I feel on top of the world
(obenauf sein)

to hang around
(gelangweilt ,,herumhängen'')

to be in the picture (im Bilde sein)

 987 654 321